实践应用型学前教育专业规划教材

学前教育研究方法

主　编　敖敦格日乐

中国人民大学出版社
·北京·

前　言

“工欲善其事，必先利其器。”随着近年来我国学前教育学科发展需求的提升、幼儿园教师专业发展需求的越发迫切、政策法规等要求的规范化，针对普通高等学校（包括普通本科院校、高职高专院校等）的学前教育专业出版规范统一的“学前教育研究方法”课程的教材迫在眉睫。

本教材的编写基于以下三点考虑：

第一，体现因材施教。本书主要面向普通高等学校，尤其是高职高专院校学前教育专业学生，也可作幼儿园教师在职进修和自学之用，充分考虑到他们作为研究新手的现实及最近发展区，尽量选择了入门知识点，所以本书也可称为“新手指南”。

第二，体现专业性、系统性。本书在行文时力图体现学前教育专业特色，所涉及的例子等都来自学前教育理论和实践领域。同时考虑到学前教育学科自身的内在逻辑性，即便篇幅较短，也尽量体现了专业内容的系统性和完整性。

第三，体现应用性、实操性。“学前教育研究方法”是一门实践性大于理论性的课程。本书在具体的研究方法部分，尽可能细化研究步骤，举例讲解，明确操作的注意事项，力图使学生在做研究时能套用模板。每章结尾的“思考与实训”和“拓展阅读”环节都设有应用性题目和供深入阅读的文献。

既然学前教育本身是一门科学，学前教育研究本身也是科学的，加“科学”一词就有点多此一举。其他学科亦然。故本书定名为《学前教育研究方法》，而非《学前教育科学研究方法》。此外，各种具体的研究方法在章目汇总中写全称，其他地方一般简称为“××法”，例如“学前教育观察研究法”简称为“观察法”，“学前教育个案研究法”简称为“个案研究法”。全文通篇介绍学前教育研究方法，但由于幼儿园教育是其主要部分，所以除“学前儿童”（0～6 岁）等词汇以外，也多处运用“幼儿”（3～6 岁）等词汇。特此一并说明。

全书共十四章。第一章为学前教育研究概述；第二章为学前教育研究的基本步骤；第三章至第十二章为学前教育研究的基本方法；第十三章为学前教育研究资料的整理与分析；第十四章为学前教育研究的成果表述与质量评价。全书由内蒙古民族幼儿师范高等专科学校敖敦格日乐主编和统稿。海日罕负责了第五章的编写。

本教材的编写，从编写提纲的制定、内容的筛选到形式的安排，一方面源于过去 10 年在“学前教育研究方法”教学与教师培训工作中积累的经验；另一方面借鉴了国内外大量专家、学者、同人的研究成果，引述良多，凡是引用的、借鉴的以及使编者受到启发的著述，均已统一列在参考文献中。所以，该教材理论部分更多的是汇编，在此说明，并向原作者致以谢忱。学前教育改革日新月异，由于编者水平有限，书中难免存在疏漏和不足之处，恳请读者指正，提出宝贵意见。

编者

2020 年 10 月　于鄂尔多斯

目 录

第一章　学前教育研究概述

【本章概要】

本章重点介绍了学前教育研究的概念、意义、任务、类型、原则和发展历史等，以便初学者对学前教育研究有一个基本认识，为之后章节的学习奠定基础。

第一节　学前教育研究的概念、意义和任务

一、学前教育研究的概念

科学研究简称“科研”，或“研究”，是指人们在科学理论的指导下，有目的、有意识、有计划、有系统地运用科学的方法，遵循一定的研究规范，探究客观事物规律，解决问题的实践活动。科学研究是人类一种特殊的认识活动，是人们探索自然现象和社会现象及其规律的过程。

教育研究是科学研究的一个分支，是指研究者在一定的教育理论和科学研究理论的指导下，运用科学研究的原理和方法，有目的、有意识、有计划地对教育现象进行了解、收集、整理和分析，从而揭示教育规律、解决教育问题的实践活动。

学前教育研究是教育研究的一个分支，是指研究者运用科学的理论和方法，有

意识、有目的、有计划地对学前教育现象进行了解、收集、整理和分析，从而揭示学前教育规律、解决学前教育问题的实践活动。

学前教育研究具有如下特征：研究对象的复杂性；研究范围的广泛性；研究方法的客观性、系统性、创造性、理论与应用双重性、人文性与伦理性等。

二、学前教育研究的意义

（一）准确认识学前儿童

虽然我们每一个大人都是从儿童成长而来的，但是一旦我们告别了童年，长成了大人，便很难再真正地了解那些和我们在身心发展方面有着巨大差异的儿童。这种情况常常使得我们用成人的眼光去设计学前教育的目标、内容、方法。不可否认，这种做法有利于学前儿童社会性发展，但是我们也必须看到学前儿童与成人的差异。为此，我们应该采用科学的研究方法，对学前教育的现象进行探讨，更准确地认识学前儿童，避免教育实践的失误。

（二）探寻教育理论与方法

学前儿童的发展过程既是自然生物发展过程，也是社会化过程。要认识和发展学前儿童，除了利用日常生活和教育实践经验，更为关键的就是要借助研究的手段来探寻、验证教育理论和方法的科学性。学前教育研究成果不仅有益于学前儿童的发展，而且对于整个人类社会来说都将是巨大的贡献，比如我们熟知的维果茨基的“最近发展区”理论、蒙台梭利教学法等。学前教育理论与方法论系统也是这样完善起来的。

（三）及时纠正教育实践中的偏差

学前阶段是人类个体最具可塑性的阶段，如果在该阶段某方面发生了偏差，那么不仅会影响当前的发展，甚至还会影响终身发展。因而必须及早发现学前教育过程中的失误，并及时加以纠正，这要依靠学前教育研究的证实和引导。

（四）促进社会发展和学前教育自身的变革

学前教育研究是整个学前教育理论发展的源泉，是改革教育实践的动力。只有通过研究，才能更好地掌握学前教育的规律，提升教育质量，促进社会发展。

（五）促进教师专业发展

学前教育研究是学前教师专业化的要求，也是教育工作者的必备素质。1966年，联合国教科文组织在《关于教师地位的建议》中指出，应该把教师工作视为一种“专门化职业”，教师是从事教育教学工作的专业人员。之后，一系列相关政策、法规、文件等提出了一致的概念。教师从事科学研究的过程，也是自我学习、自我成长、自我反思的过程，在这个过程中不断更新观念、钻研理论，不断发现问题、分析问题、解决问题，从而推动学前教师的专业成长。

三、学前教育研究的任务

（一）总结学前教育的历史经验

1837年德国儿童教育家福禄贝尔创立了世界上第一所真正意义上的学前教育机构“幼儿园”，开启了学前教育研究时代。学前教育研究要分析研究学前教育发展史上的学前教育思想和政策，从而指导当前学前教育的发展。

（二）研究学前教育的现状

对现状的研究是学前教育研究的重点。凡是教育现实中遇到的理论与实践问题都可以是学前教育研究的对象，如“学前儿童艺术教育研究”“幼小衔接教育的研究”。

（三）预测学前教育的发展趋势

教育是培养人的社会活动，周期长，这就要求学前教育研究有一定的超前性，能根据社会发展的趋势预测教育的未来，以便向教育决策人员提供可行性方案，为教育领导机构制定短期、中期、长期的教育发展规划和政策提供依据。

（四）进行跨文化比较教育研究

他山之石，可以攻玉。对不同国家的学前教育理论和实践进行比较分析，可以发现学前教育发展的共同规律和发展趋势，汲取别国之长，为我国学前教育决策和改革提供借鉴。例如，《学前教育研究》从2008年第2期起刊发了北京师范大学庞丽娟教授等对发达国家学前教育立法的相关成熟经验和与我国国情相似的发展中国家的相关探索经验进行介绍和分析的系列文章，对我国学前教育立法具有重要的借鉴意义。

第二节　学前教育研究的类型和原则

一、学前教育研究的类型

（一）按研究目的分类

1. 基础研究

基础研究，又称理论研究，是指研究的目的具有普遍性，研究的结果可以扩展和加深现有学科的知识体系。基础研究属于纯科学研究或学术研究。在学前教育领域，基础研究的内容往往是概括性比较强的基本理论，如对教育观、儿童观和幼儿园课程理论的研究等。教育专家研究更多的是“关于教育的研究”，侧重于描述和解释“是什么”的问题，主要目的是促进教育知识的增长，多为基础研究。

2. 应用研究

应用研究是指运用基础研究得出的一般原理，针对某个具体实际问题，深入考察某一局部领域的特殊规律，即将基础研究具体化，提出有较强针对性的应用理论和方法。应用研究的基本目的是解决当下的实际问题。比如，“关于幼儿园班级环境创设问题的研究”等。这些研究项目的成果也可以为学前教育学科增加一些新的知识点，但更为关键的是，这些研究成果可以直接应用于教育过程。例如，“幼儿园教师专业能力提升研究”直接指向教育实践。注重解决“怎么做”的问题，多为应用研究。

基础研究和应用研究的区分只是相对的，二者之间并无绝对的界限。一项研究往往既有基础理论又有应用研究，只是侧重点不同。

（二）按研究持续的时间分类

1. 横向研究

横向研究是指研究者就某一个教育现象在同一时间内对某年龄组儿童行为表现进行考察和比较的研究，也叫横断研究。如对全国不同省份幼儿身高的调查研究，对经济发达地区和经济欠发达地区幼儿营养状况的对比研究等。它的优点是在较短时间里能形成研究结论；缺点在于不能展示发展的连续性，不能全面地反映问题本质。

2. 纵向研究

纵向研究是指在一个相对较长的时间里对学前教育中的某一个教育现象或问题进行的系统的定期研究，也叫追踪研究。最早采用纵向研究方法对儿童发展问题进行探讨的是科学儿童心理学的奠基人普莱尔（W. T. Preyer），他以对自己儿子为期三年的追踪观察记录为研究基础，出版了世界上第一本儿童心理学著作《儿童心理》（1882 年）。纵向研究的优点在于能系统详细地认识事物变化的过程和量变质变的规律，缺点是研究周期长，研究对象容易缺失，因此常用于个案研究或追踪时间不太长的成组研究。

特别需要指出的是，该分类与我们的课题分类并不冲突。按照研究课题立项的来源（课题资助主体），学前教育研究课题可分为纵向课题、横向课题、研究者自选的课题。纵向课题是指由国家、省市区等上级科研主管部门发布，个人或集体申报、有关部门或专家审查批准的课题。横向课题又称委托课题，是指由一些企事业单位或非直接的上级部门委托实施研究的课题，这类课题比较重视研究的应用性。

（三）按研究对象数量分类

1. 个案研究

个案研究是指研究者选取一个或少数几个典型研究对象进行全面深入考察的研究。很多著名的心理学家都采用过个案研究来探讨儿童心理发展的特征与规律，比如皮亚杰、陈鹤琴等。个案研究的优点是便于对研究对象进行全面深入的考察；缺点是研究对象数量过少，研究结果的代表性和普遍性意义比较弱，重复验证难度比较大。

2. 成组研究

成组研究是指研究者选取较多的研究对象组成若干被试组，对被试组中的每个个体都进行系统考察的研究。根据抽取的研究对象数量的多少，成组研究又分为大样本研究和小样本研究。大样本研究因样本数量比较多，可以作统计处理，对总体的代表性较高，因而研究结论的可推广程度较高。小样本研究由于数量少，对总体的代表性低，其研究结论可推广程度也低。从统计学角度分析，60 个被试以下属于小样本组；60 个被试以上属于大样本组。

（四）按研究范式分类

定性研究和定量研究是两种不同的哲学方法论取向的研究范式，前者是人文主义、自然主义研究范式，后者则是科学主义、实证主义研究范式。

1. 定性研究

定性研究，也称质的研究，是指在自然情境下，采用形而上学的、思辨的传统，借助归纳、演绎等分析方式收集资料，对学前教育进行整体性探究，形成理论的研究活动。非结构型问卷和观察及叙事研究都是典型的定性研究。比如我们经常看到的以“某某现象之我见”“关于某某理论的思考”为标题的论文，基本都属于定性研究成果。定性研究有两个不同的层次：一是没有数量分析的纯定性研究，结论往往具有概括性和较浓的思辨色彩；二是建立在定量分析的基础上的更高层次的定性研究。定性研究结果有一定深度、整体性，要求研究者有较深厚的理论修养，否则容易带有主观偏见。

2. 定量研究

定量研究，又称量化研究、量的研究，是指主要运用数据和量度来描述研究内容的特征或变化规律的研究。定量研究注重对研究过程进行设计和控制，因而具有客观性和精确性。比如“我国3～6岁幼儿身高与体重现状的调查研究”“儿童的智力与阅读能力的关系分析”等。定量研究的优点在于它极力排除研究者本人对研究的影响，尽量做到价值中立。实验研究是典型的定量研究，结构型问卷和观察、内容分析法等也都属于定量研究。介于定量研究与定性研究之间的是调查研究、文献分析研究和比较研究等。

定性研究和定量研究在研究中各有所长，也各有所短，而且一者所长正是另一者所短。定性研究为定量研究提供框架，而定量研究又为进一步的定性研究提供条件和依据。

（五）按资料分析方式分类

1. 理论研究方法

理论研究方法是指对复杂的教育问题的性质和相互关系，从理论上加以分析和综合、抽象和概括，以发现其内在规律的研究方法。具体包括归纳、演绎、类比、分类、比较、综合、概括等方法。

2. 实证研究方法

实证研究方法是指通过观察、问卷、访谈以及测验等手段收集资料以验证假设或回答有关研究的问题的研究方法。具体包括观察、问卷、访谈、测量等方法。

3. 实验研究方法

实验研究方法是指研究者按照研究目的，以一定的理论假设为指导，控制一定的条件，有目的、有计划地影响研究对象，验证假设，揭示教育规律，指导教育实践的研究方法。具体包括真实验、准实验等方法。

4. 历史研究方法

历史研究方法是指借助对相关社会历史过程的史料的整理分析，以了解和解释过去、研究现在和预测未来的研究方法。具体包括文献法、作品分析法等方法。

二、学前教育研究的原则

（一）教育性原则

教育性原则要求研究者在学前教育研究过程中，牢记育人使命，为育人而研究，而非为研究而研究，要尽可能做到研究活动和教育活动的和谐统一，防止和避免研究工作对学前儿童身心发展造成不良影响。具体要求如下：

（1）研究内容和方法要有教育意义，要进行积极正面的教育，不能通过诱使学前儿童产生不良行为来获取研究资料。例如，不能为了研究的需要让学前儿童看有攻击行为的动画片等。

（2）研究的过程和结果不能损害学前儿童的身心健康。在研究中，不能为研究的需要而随便增加学前儿童的负担。调查资料如果与被调查者的切身利益有关，应注意保密。

（二）伦理性原则

伦理性原则要求研究者在学前教育研究过程中，遵循基本的社会道德准则和法律法规，不侵犯研究对象和参与者的权益，避免给他们造成身心伤害。具体要求如下。

1. 自愿原则

尊重研究对象的权利。若研究对象是成人应直接征得本人同意，若研究对象是学前儿童应征得其父母的同意。在研究活动中，不管研究工作处于什么条件下，都应优先考虑研究对象的权利，如不参与协作权、中途退出权、不署名权、保密权等。

2. 保密原则

研究者未经研究对象同意不能在研究报告中或在公开场合披露其姓名，研究对象的姓名可以用号码来代表。

3. 无害原则

研究活动不能给研究对象造成不恰当的压力，避免或防止产生不良结果。

（三）客观性原则

客观性原则要求研究者在学前教育研究中必须实事求是，尊重客观存在，以严谨科学的态度进行实实在在的研究，不能弄虚作假、脱离实际、凭主观想象。对前人或同行取得的成果，既不能轻率接受，也不能随意贬低。对自己的研究成果，不能夸大或拔高，即使确有价值，也应留待实践检验。具体要求如下。

1. 指导思想上要坚持客观性原则

科学来不得半点马虎和虚假，在研究过程中，要秉承科学的研究态度，立足客观存在。

2. 研究过程中要坚持客观性原则

在研究过程中保持客观的态度，才能取得真实的数据和资料。举一个反例：有的研究者在使用问卷进行研究时，不注意问卷的信度和效度，甚至为了得到“理想”的调查结论诱导幼儿说假话。

3. 分析材料要坚持客观性原则

为了使实验假设成立而故意编造实验数据，对不符合自己主观想法、不符合领导口味的资料和数据进行修改、回避的做法，都是违背客观性原则的。实际上，研究假设不成立也是客观性的体现，即“证伪”也是一种研究结论，同样有现实意义。

（四）系统性原则

系统性原则要求研究者在学前教育研究中，以系统论为指导，注重从整体上考察部分与部分之间、整体与外部环境之间的关系，探求解决问题的途径。具体要求如下。

1. 要有整体的眼光

将自身课题研究置于整个人类认识过程的环节之中。要对前人已有的相关研究进行认真梳理，把握前人对该课题的研究程度，明确自己研究的创新点，提出自己的主张，进而发展和深化整个认识过程。

2. 要有系统的眼光

进行学前教育研究时，目光不能仅仅局限于研究课题本身的内部关系，还要将其置于更大的系统中来考察，考虑研究课题与外部大系统的关系。

3. 要有独特的眼光

学前教育研究不是随意、盲目和偶然性的活动，而是按照一系列步骤进行的一种系统、深入的科学探索，其本身就是一种系统的研究活动。在研究过程中不能好高骛远，也不能急于求成，而是要基于研究者的经验及特色，有创新点。

（五）理论联系实际原则

理论联系实际原则是指学前教育研究要以科学的学前教育理论为指导，解决教育实践中的实际问题。具体要求如下：在确定研究课题、提出理论假设、进行教育设计、收集整理资料、运用研究方法时，都自觉接受教育理论的指导；密切结合我国学前教育事业发展的实际问题来展开研究，促进学前教育发展。

（六）可行性原则

在进行研究设计时，要充分考虑人员、设备、经费、研究者可以投入的时间与精力，确保研究计划可行以及研究过程能够顺利进行。要避免那些听起来或看上去设计得非常合理，但是在实际操作过程中却困难重重的研究。

综上，学前教育研究最基本的原则可归纳为两条：“真”和“善”。

第三节　学前教育研究的发展历史

一、世界学前教育研究的发展历史

自从有了人类，便有了教育。古代的教育研究大多是少数哲学家、教育家的设想、推断、直接经验的描述或概括，如柏拉图的《理想国》、昆体良的《雄辩术原理》等。当时教育尚未完全从哲学中分离出来，这些研究往往缺乏科学实验的验证，研究的方法是思辨的，研究成果常常归属于哲学思想体系。夸美纽斯 1632 年写的《大教学论》虽然可以称作独立体系的教育专著，是教育学开始建立的标志，但从中仍可以很明显地看到其与哲学的这种联系。在教育学史上，德国教育家赫尔巴特被认为是真正尝试将教育学科学化的第一人。赫尔巴特在 1806 年出版的《普通教育学》被认为是教育学成为独立学科的标志。

一般认为，1879 年，德国心理学家冯特在莱比锡大学建立了第一个心理学实验室，标志着科学心理学的诞生。这一举措引起了教育界人士的关注，用自然科学的研究手段来研究教育，这是一个全新的视角，也为教育研究起到了榜样的作用。受此影响，实验教育学的两位先驱拉伊和梅伊曼把实验心理学的成果与方法引入教育理论和实践的研究中，创立了实验教育学。将实验方法引入教育学研究，是教育学的一大突破，实验教育学逐渐成为一门严密系统的教育科学。

1837 年，德国幼儿教育家福禄贝尔创立了世界上第一所幼儿园，并创立了幼儿教育理论体系。他还非常强调游戏在儿童发展过程中的作用，并创制了“恩物”。自此，学前教育学从教育学体系中分离出来。福禄贝尔的教育思想与实践对世界各国幼儿教育的发展产生了深远的影响。

意大利幼儿教育家玛丽亚·蒙台梭利进行系统的学前教育实验，最初关注生理有缺陷的儿童，后来研究正常儿童的教育。蒙台梭利在罗马贫民区创办了“儿童之家”，并开始了系统的教育实验，设计出一套教材和教具，提出了一系列的方法，运用自然实验法对儿童进行观察研究，开启了对幼儿教育进行科学研究的先河。蒙氏关于幼儿教育方法的经典著作《蒙台梭利法》于 1909 年出版。由此，闻名于世界的蒙台梭利幼儿教育体系得以创立。

20 世纪初，欧美国家的“教育科学化运动”促使教师开始运用科学的方法解决教育问题。20 世纪 50 年代，美国教育家斯滕豪斯呼吁“教师成为研究者”以后，美国教育界对教师的职能重新加以确定，认为教师不仅是知识“搬运工”，更是最伟大的理论家和研究者。之后，美国、英国、日本等国家都陆续开始完善教师作为研究者的法律、政策等。

二、中国学前教育研究的发展历史

（一）中国学前教育的崛起

我国古代的教育研究方法是纯思辨的，往往是对事实或现象的记录、描述和总结，如《论语》《学记》《颜氏家训》等。虽然有些初步的经验概括，但都是零碎的、自发的、描述性的，没有形成完整的研究方法，很多结论缺乏科学论证。

20 世纪初，我国开始引进西方教育思想和名著。我国最早的教育刊物是《教育世界》，主要翻译引进国外教育理论和思想。国内较有名的教育实验有晏阳初的平民教育实验、陶行知的生活教育实验、黄炎培的职业教育实验等。20 世纪二三十年代，引进了大量的国外教育理论和教育研究方法，并试用于中国教育实践，如 1924 年陆志韦修订的比内-西蒙智力测验，廖世承编制的团体智力测验，陈鹤琴的图形智力测验等。

中国学前教育实验的先驱首推陈鹤琴先生。陈鹤琴作为我国学前教育研究的开创者，开创了我国儿童心理和学前教育研究工作的先河。他提出了一套系统的学前教育理论。“活教育”是陈鹤琴教育思想的核心。“活教育”主要包括目的论、课程论、教学论三大部分。陈鹤琴明确提出“活教育”的目的在于“做人，做中国人，做现代中国人”，方法是“做中教，做中学，做中求进步”。陈鹤琴提出“大自然、大社会是活教材”，“活教育”的课程形式应该符合儿童活动和生活方式，符合儿童与自然、社会环境的交往方式。因此，“活教育”的课程打破了以学科组织的传统模式，而改成活动中心和活动单元的形式，具体包括五个方面的活动，即儿童健康活动、儿童社会活动、儿童艺术活动、儿童文学活动、儿童科学活动。这五种活动犹如人手的五根指头是相连的整体，又称为“五指活动”。他反对分科教学，提出“整个教学法”。

陈鹤琴首开儿童心理学课程，并最早运用观察实验的方法，系统地研究我国儿童的心理发展。陈鹤琴以其长子陈一鸣为研究对象，对儿童的动作、能力、情绪、言语、游戏等方面的发展进行周密的观察和实验，做出详细的文字记录和摄影记录，写成《儿童心理之研究》一书。1923 年，陈鹤琴创办南京鼓楼幼稚园，以此作为推行中国化、科学化幼儿教育的一个实验基地，以改变幼儿教育照抄照搬外国模式的状况，并于 1927 年将研究成果发表在《幼稚教育》杂志上，这是具有中国特色的研究儿童心理的最早成果之一。南京鼓楼幼稚园在 1925 年成为东南大学教育科实验幼稚园，它是中国第一所幼儿教育实验中心。陈鹤琴的实验成果成为 1932 年教育部颁布《幼稚园课程标准》的基础。他的研究是创立中国幼儿教育科学的一项奠基性工程，至今仍具重要现实意义。

1937 年全面抗战开始后，教育研究者寥寥无几。1949—1978 年，我国教育研究在继承历史优秀传统、吸收苏联教育科研方法的基础上，初步形成了社会主义教育研究方法体系，但不成熟，真正的繁荣时期是在改革开放以后。

（二）改革开放以来我国学前教育研究方法的回顾

1978—1990 年出版的教育研究方法著作的内容体系包括教育研究的意义、概念、原则、步骤与任务，以及课题的选择、文献的查阅、具体研究方法的选择和选用、资料的收集整理与分析、成果的表达和论文的撰写。与1949—1978年相比增加了系统论方法、内容分析法、预测和评价研究法，并且强调新技术手段（如计算机技术）在研究方法中的具体应用。

1990—2000年出版的教育科研方法著作中，系统论方法减少，增加了元分析法、口语报告法、行动研究法，反映了教育研究方法对新方法的吸收，认识论更为深刻，方法体系上有意识地区分开哲学方法、一般方法和具体方法三个层次。系统论、信息论、控制论已经被上升到认识论领域，不再作为具体研究方法来使用。此外，质的研究开始觉醒。

2000年以后的教育研究方法著作对叙事研究、人种志研究都进行了较为深入的介绍。同时开始强调定性研究和定量研究的融合，强调不同方法间的互证，如教育测量中的三角互证方法的兴起。新方法不断涌现，如最小空间法、社会网络分析法等均进入了教育研究方法领域。

（三）当前学前教育研究存在的问题及思考

1. 研究层次和水平较低

研究的科学性即理论水平较低，实效性即研究运用于实践解决现实问题方面的实际效果较差。因此，从研究类型、层次上看，我国当前学前教育研究尚处于初级阶段。首先，对学前教育基本事实的研究仍停留在经验性主观臆断上，大量文章仅作一般泛泛之谈，限于空洞发表议论，缺乏科学调查和实验。其次，在学前基本理论研究方面，理论抽象概括程度低，缺乏内在逻辑联系，研究较零散孤立，不够深入系统。再次，学前儿童发展研究未与教育挂钩，往往就事论事，缺乏探索，未能关注教育上应该“怎么办”的问题。总之，与蓬勃发展的学前教育改革实践相比，学前教育理论显得落后，所谓“经验丰富、理论薄弱”的老问题未得到真正解决。

2. 研究人员力量分散，欠缺系统、深入的协作性研究

当前的学前教育科研较少集体攻关，研究多以个人为单位，各自为战，支离破碎地研究一些零星问题，效率低，费时费力。进行深入、系统的研究，要求理论研究工作者与实践人员相结合，研究工作者之间要共同确立任务目标、联手协作，系统地就某一领域各方面的问题进行综合性研究。这涉及幼教科研工作者和第一线教师的积极性的问题，而且涉及幼教管理体制及幼教科研体制改革的问题。

3. 研究方法效益低下

“轻实验、重思辨”是我国学前教育研究领域的习惯定式和薄弱环节。一些研究人员不重视实验研究，忽视和缺乏研究的技术与手段，空发议论，没有理论深度。

部分研究人员还出现了急功近利倾向，以实用主义的态度对待科研，匆忙发论文只为评职称，甚至弄虚作假。针对这些情况，研究人员要特别加强实证研究、应用研究，在增强数量化与科学水平的同时，也要避免把数量化等同于科学化的极端思维方式。

4. 研究质量缺乏评估

我国学前教育研究成果缺乏权威性的评估，这也滋生了学术腐败、学术抄袭问题。目前对教育研究质量缺乏科学的评估标准，也缺乏权威的评估机构，使得许多研究人员急功近利，没有开展实实在在的学前教育科研工作，却可捞得所谓的“个人利益”，致使学前教育研究领域出现了许多“豆腐渣工程”。这就需要研究人员端正科学态度，改进学风。

5. 研究成果缺乏转化

学前教育研究领域的一些优秀研究成果缺少推广和运用，我们应把科研成果转化工作作为重要的任务之一，更好地为教育实践服务。学前教育科研有待于理论研究者和实践教育工作者的共同努力，研究人员必须理论联系实际，最大限度地提高科研质量，更好地发挥学前教育培养教育人和为社会服务的功能。

6. 研究领域缺乏争鸣

目前，我国的学前教育研究领域注重新名词的应用，或简单照搬国外现成的研究，机械的“拿来主义”盛行。而且我国学前教育研究领域存在权威专断与行政干预，这种状况严重压抑了学前教育研究领域中的不同声音，阻碍了思想的碰撞。为此，解放思想，强调学前教育研究的本土化、民族化、开放化已经成为迫切要求。

（四）学前教育研究发展的新趋势

统观教育研究的昨天与今天，大致可以勾画出学前教育研究发展的一些新趋势，如技术设备和研究手段的现代化，多种研究范式、方法和学科的综合化，研究的社会服务的应用化和开放化。

思考与实训

1. 学前教育专业学生为什么要学习“学前教育研究方法”这门课程？
2. “学前教育研究”与学前教育专业其他分支学科和课程的关系是什么？
3. 请简述学前教育研究的类型和每种类型的优缺点。
4. 请举例说明学前教育研究的基本原则。

5. 请系统论述陈鹤琴先生对学前教育研究的贡献。

拓展阅读

[1] 威廉·维尔斯马，等．教育研究方法导论［M］. 9版．袁振国，等译．北京：教育科学出版社，2010.

[2] 霍力岩，等．学前教育研究方法［M］. 2版．北京：高等教育出版社，2018.

[3] 刘晶波．学前教育研究方法［M］. 北京：人民教育出版社，2016.

[4] 裴娣娜．教育研究方法导论［M］. 合肥：安徽教育出版社，1995.

[5] 陶保平，钱琴珍．学前教育科研方法［M］. 3版．上海：华东师范大学出版社，2014.

[6] 王彩凤，庄建东．学前教育研究方法［M］. 北京：北京师范大学出版社，2011.

[7] 叶澜．教育研究方法论初探［M］. 上海：上海教育出版社，2018.

[8] 袁振国．教育研究方法［M］. 北京：高等教育出版社，2000.

[9] 张宝臣，李兰芳．学前教育科学研究方法［M］. 2版．上海：复旦大学出版社，2012.

第二章　学前教育研究的基本步骤

【本章概要】

科学研究一般都需要遵循一定的步骤、程序，学前教育研究也不例外，一般包含以下几个基本步骤，接下来逐节介绍。本章概要也是之后所有章节的概括。

❖ 研究开始阶段，统称为“研究构思与设计”：

第一步，确定研究课题。

第二步，查阅文献资料。

第三步，提出研究假设，制订研究计划。

❖ 研究实施阶段：

第四步，实施研究过程，收集事实资料。（研究步骤不是死板的，有时也会跳跃、交叉，甚至冲突。每个具体方法的研究步骤在第三章至第十二章相关章节中详细论述。）

❖ 总结推广阶段：

第五步，整理分析资料，形成研究结论。（第十三章）

第六步，撰写研究报告。（第十四章）

第一节　确定研究课题

一、学前教育研究课题的含义

学前教育研究课题，即学前教育研究的题目，也就是学前教育领域中要解释或解决的理论性和实践性问题。它是依据研究目的，通过对研究对象的主客观条件进行分析而确立的研究问题。不论哪类研究，都要从确定课题开始，也称为“选题”。

关于选题的重要性，爱因斯坦曾有一段精辟的言论：“提出一个问题往往比解决一个问题更重要，因为解决一个问题，也许仅仅是一个数学上或实验上的技能而已。而提出新的问题、新的可能性，从新的角度去看旧的问题，却需要有创造性，有想象力，而且标志着科学的真正进步。”他把提出问题看作研究过程中决定性的一步。在科学研究中最糟糕的问题就是没有问题。

然而，并非所有在理论学习中遇到的疑难或在实践工作中碰到的困境都能成为学前教育研究的课题。一个问题能否成为学前教育研究课题，要分析以下几点：第一，问题是不是属于学前教育领域；第二，问题是不是尚未解决，有待解释、验证、解决；第三，问题是不是具有普遍意义；第四，教育研究的问题是不是可以具体化、可探索；第五，是否能用精确、严谨、专业、规范的陈述句式表述。

确定选题时应注意以下几点：广博的知识是选题的基础；尊重前人研究成果；拥有存疑的治学精神和独立思考能力；及时掌握科研动态；选题从实际出发等。

二、选题的意义

研究始于问题，是一个不断提出问题和解决问题的过程，提出问题是出发点，解决问题则是终点。选题决定了整个研究的目的、意义、对象、范围、方法以及研究可能的成果和价值等。大量研究表明，课题选得好，研究就成功了一半。课题选不好，研究可能事倍功半，甚至半途而废，选题不当是导致研究失败最常见的原因。

三、学前教育研究课题的类型

该部分已在第一章第二节“学前教育研究的类型”中详述。

四、选题的原则

（一）意义性原则

意义性也称价值性，是指选择的研究问题要面向教育实践的需要，面向教育科学自身发展的需要。课题的研究价值包括理论价值（又称学术价值）和应用价值。一项好的学前教育研究课题，可以是两种价值兼而有之。

（二）创新性原则

创新性是指选题要体现前人没有认识或没有充分认识的学前教育规律，解决他人还没解决或没有完全解决的学前教育问题。创新性包含三个层次：一是独创性，即提出没有人提过的新问题，开辟无人涉及的研究领域等。二是再创性，即将别人的研究课题加以组装、分解和改造后再生出新课题；或将已有研究课题运用到新的领域和实践中。三是自创性，即对研究者自我发展是新颖、有利的，但并不要求对社会、对别人有创新价值。

（三）可行性原则

可行性是指问题的研究具有现实可能性，即研究者具备研究的主观和客观条件。主观条件是指研究者的自身素质，包括知识结构、理论修养、研究经验、思想水平、科学品格、心理素质、专业特长和兴趣爱好等。客观条件包括现有的研究资料、经费、时间、设备、技术、人力、工具、技术手段等物质条件，被试来源，以及有关部门和家庭的支持配合等。

（四）科学性原则

科学性是指课题的确立必须有实践基础、理论基础，课题的表述要符合相关的规范，选题要具体明确，设计的问题领域不能太宽太泛，或者太过复杂，而是要表述清晰，要有利于研究计划方案的设计与实施。

五、学前教育研究课题的来源

（一）从社会发展需要出发提出课题

国家和政府根据我国社会发展的急切需要和学前教育发展的重大问题，有针对性地提出了未来发展计划、纲要、规程、指南、意见等。研究者要不断关注社会发展，不断关心学前教育事业发展的形势，从中思考、提炼课题。

（二）从学前教育实践中提出课题

实践是推动学前教育研究前进的源泉和归宿，学前教育要从实践中选题，也要回归到实践中去服务和验证。实践选题可以从以下三方面入手：一是从困难的问题中选题；二是从争鸣的问题中选题；三是从盲点问题中选题。

（三）从日常观察中提出课题

为什么有的幼儿一来幼儿园就感冒？为什么有的幼儿有攻击性行为？为什么有

的幼儿就不想来幼儿园？日常生活中有太多的问题，值得学前教育工作者去深思。对于广大幼儿教师来说，一日生活是研究课题的一个重要来源。教师和研究者可以对日常生活问题进行深入研究，寻找解决问题的方法、策略。

（四）从当前国内外学前教育信息的分析总结中提出课题

研究者可以引进国外先进的学前教育思想、学派、实践的系统研究，结合我国的实际确定专题研究。研究者一定要经常关注国内外学前教育的学术动态，把握学前教育发展潮流及趋势，多收集学术会议的信息，多阅读学前教育研究的学术著作和学术期刊，从中获得营养，寻找灵感。

（五）从学前教育学和其他学科的关系中提出课题

在现代科学大综合发展的趋势下，各学科之间的交叉领域涌现出了大量值得开拓的新问题，仅以学前教育学为例，在学前教育学与哲学、人文科学、社会科学、自然科学等领域的交叉中产生了诸如学前教育控制论、学前教育生态学、学前教育生理学、学前教育评价学等新学科研究领域。

（六）从教育研究课题指南或规划中提出课题

我国从中央到地方，各级教育行政部门每年都会根据国家社会主义现代化建设的需要，定期制定教育研究纵向课题。例如，全国教育科学规划课题，国家社会科学基金课题，教育厅、社科院、各级各类教育学会、各种教育研究期刊和机构提供的课题。但是，课题指南或规划提供的课题一般都比较笼统，带有导向性，研究者应该根据自己的实际情况加以调整。

（七）从学前教育文献中提出课题

在学前教育史上，从福禄贝尔到蒙台梭利再到陈鹤琴先生都建立了自己的教育体系，对学前教育发展产生了深远影响。他们的研究成果记载于文献中，以文本形式呈现给后来的研究者，是后继的研究者学习和发现新问题的思想及理论基础。文献对于选题的意义具体而言包括四个方面：第一，反思前人的理论观点，对前人的学术观点提出质疑；第二，揭示理论体系中的矛盾，在学术争鸣中发现课题；第三，从文献盲点中提出问题；第四，避免重复研究。

六、选题的过程

（一）确定研究现象和范围

研究问题总是来自一定的研究现象，在选择具体的研究问题前应确定自己的研究现象。研究现象是研究者在研究中将要涉及的领域和范围。研究者在确定研究现象之前可以特意为自己留出一段比较长的时间，认真、细致地思考研究什么、为什么研究、怎么研究的问题，而后根据主客观条件确定研究现象和范围。

（二）课题聚焦，初选研究问题

课题聚焦就是对初定的课题进行分解，使宽泛模糊的问题变得清晰、明确，是逐步缩小包围圈的过程。研究者可能对同一研究现象的几个研究问题同时感兴趣，但由于研究者各个方面的条件有限，要想在某方面取得成果就必须把精力集中到一两个方面。研究者可根据自己的实际情况，遵循选题的原则，从选定的研究现象内选择研究问题。

（三）初探研究和界定问题

选择一个研究问题后，我们需要对这一问题进行必要的探索。研究者可广泛查阅有关资料，与他人（包括专家、合作者、实践工作者等）进行讨论、征求意见，向教育科研管理部门和行政管理机构了解情况、进行调查，甚至可以进行预备性的观察、访谈或实验。通过探索，研究者要了解的问题是：此研究问题有没有人研究过？取得了哪些成果？这些成果有哪些异同？由此能派生出哪些新问题？可以用什么方法突破哪些问题？等等。研究者可根据初探结果和研究团队的主客观条件确定题目。

（四）陈述研究问题

界定研究问题后，还需对研究问题进行语言表述，具体要求如下：

第一，准确。就是要把研究范围、研究问题、研究对象、研究方法等关键词交代清楚，表述越具体越好。第二，规范。就是所用的词语、句型要规范、科学。要避免以下表达方式：似是而非的、模棱两可的、需要追问才能明白的、疑问式的、口号式的、形式优美空洞的、抒情式或散文式的、学术界还没有普遍认可的专业词汇、生僻词汇、符号代码、研究者本人自己编造的词汇等。第三，简洁。能不要的字尽量不要，一般不要超过 20 个字。第四，醒目。表达应适宜、新颖，让人一看就能对课题留下深刻印象。

（五）论证研究问题

课题论证既是确定课题的结束，又是课题设计的开始，是对所选课题的价值与可行性的分析。课题论证首先需要研究者写开题报告（计划书）。开题报告通常指研究者为课题论证所提交的书面材料，是课题设计蓝图，一般由科研主管部门印发统一格式的表格，由课题负责人按各项内容认真填写。

第二节　查阅文献资料

一、文献研究法的含义及意义

我国国家标准《文献著录 第1部分：总则》（GB/T 3792.1—2009）称“文献（document）”为“记录有知识的一切载体”，是把人类知识用文字、图形、符号、声音和视频等手段记录下来的所有资料。

文献研究法，又称文献法或资料研究法，是对文献进行查阅、分析、整理并力图找寻事物本质属性的研究方法。

文献法不仅是独立的和专门的研究方法，也是其他研究方法的基础。例如，文献法不等同于历史法，文献法是历史法的主要方法，但不是唯一方法。

二、学前教育文献的类型

（一）按加工程度分类

1. 零次文献

零次文献即未经发表和有意识处理的最原始资料，也可视为第一手文献。这类文献包括未发表的书信、手稿、笔记、草稿、教案、各种原始记录等。

2. 一次文献

一次文献也称一级文献、原始文献，是作者以本人的科学研究成果为基本素材而撰写的文献。一次文献是研究者在教育研究中产生的原创文献，内容最具体、丰富、接近客观事实，是直接文献。如专著、调查报告、论文、政府出版物、档案材料、会议文献、报刊文章等。

3. 二次文献

二次文献即对原始文献进行加工整理，使之系统化、条理化的检索性文献。二次文献常由文献工作者完成，具有报告性、汇编性、简明性、易于检索等特点，但它是派生性文献，是间接文献，不具备原创性。这类文献一般包括翻译文献、简介、题录、书目、索引、提要和文摘等。

4. 三次文献

三次文献也称参考性文献，是在一、二次文献的基础上进一步综合分析撰写成的科学著作，是研究文献的结果，也是派生性的间接文献，通常由专业人员撰写。如专题述评、研究报告、学科年度总结、年鉴、百科全书等。

（二）按出版形式分类

1. 图书

联合国教科文组织对图书的定义是：凡由出版社（商）出版的不包括封面和封底在内 49 页以上的印刷品，具有特定的书名和著者名，编有国际标准书号，有定价并取得版权保护的出版物称为图书。页数小于 49 页的称为小册子或传单。

2. 连续性出版物

这是若干种具体的定期连续刊行物的总称，包括期刊、报纸、公报、通报、丛刊、年报（报告、年鉴、名录等）、学会汇刊以及专著性丛刊等。

3. 特种文献

这是出版发行和获取途径都比较特殊的科技文献。这类出版物一般单独成册，有的不公开发行，有的还需要保密，如科技报告、专利文献、政府出版物、会议文献、学位论文、工程图纸、技术标准、产品样本等。

（三）按载体形式分类

1. 印刷型文献

印刷型文献是一种以纸质材料为载体，以印刷为记录手段的文献形式。主要包括各种纸质的图书、期刊等。

2. 缩微型文献

缩微型文献是印刷型文献的一种缩微复制品，它是利用照相复制的方法，把文献资料的记录缩小，感光复制而成的一种文献形式，包括缩微胶卷、缩微胶片和缩微卡片。随着激光和全息照相技术的应用，又出现了超级缩微胶片和特级缩微胶片。

3. 电子型文献

电子型文献又称为机读型文献，是采用高新技术手段，把资料存储在一些媒体中形成的多种类型的电子出版物。主要包括光盘、新闻组、电子公告牌（BBS）、互联网、电子图书、电子期刊、各种联机信息库和光盘数据库产品或软盘、磁带等产品，以及电传文本和电子邮件等。

4. 声像型文献

声像型文献又称视听文献或直感文献，这是一种以磁性材料或感光材料为存储介质，借助特殊的机械装置，直接记载声音或图像信息而产生的文献形式，包括唱片、录像带、录音带、幻灯片、电影片、电视片等。

三、学前教育文献的分布

（一）书籍

书籍是各种形式的文献中品种最多、数量最大的一个门类，主要包括专著、教科书、资料性工具书、科普读物等。

（二）报刊

报纸和期刊都属于连续性出版物，有出版周期短、更新速度快、内容新颖、论述深入、及时反映研究活动动向等特点。

（三）教育档案

档案是直接形成的历史记录，是再现历史真实面貌的原始文献。档案也因此而具备凭证价值的重要属性。教育档案主要包括教育年鉴和手册、教育法令集、教育统计、教育调查报告、政策报告、学位论文、学术会议文献、资料汇编、名录等。

（四）电子文献

在网络上进行文献交流，可以不受时空限制。学前教育电子文献主要包括网站、电子邮件、电子期刊、电子公告板等。

四、查阅文献的主要步骤

（一）确定检索主题与范围

确定检索主题与范围可以避免文献检索过程中的迷失，使研究工作省时高效地进行。具体包括界定研究概念、列出相关概念、确定检索范围、选择检索手段四个步骤。

（二）检索获取资料

1. 检索文献的方法

（1）检索工具查找法。

检索工具查找法，就是利用现有的检索工具来查找研究所需文献资料的方法。检索工具按照性质可以分为手工检索工具和计算机检索工具。手工检索是指利用检索性工具书，采用手工方式来查找文献的检索方式。例如，利用检索码，从图书馆里检索书刊。计算机检索也称电子文献检索，就是利用计算机对电子文献资料进行检索。例如，中国知网（CNKI）、维普网、万方网。

（2）参考文献查找法。

参考文献查找法又称为引文查找法、跟踪查找法，即以已掌握的教育文献中所列出的引用文献、附录的参考文献作为线索，追踪查找有关主题的文献。

（3）综合查找法。

综合查找法也叫循环查找法或分段查找法，是指研究者综合运用各种查找方法，即将检索工具查找法和参考文献查找法结合起来，循环查找。

2. 查阅文献的基本原则与要求

（1）查阅文献要“全”。要广泛收集相关领域、学科、专业的资料，文献查阅越全面，对自己的观点及论据的完整性帮助就越大。

（2）查阅文献要“准”。研究者要按时间由“近”到“远”的顺序收集文献资料，把文献结果与研究课题明确地结合起来，注意收集代表不同观点的文献资料。

（3）查阅文献要“真”。尽量多收集第一手文献资料，收集具有普遍性和代表性的文献资料，如实记录查阅过程。现在学术界流行的许多“病症”，皆由查阅文献失实或者不善推敲导致，如断章取义、主观臆测、以讹传讹。这些都是学术研究的大忌。

（4）查阅文献要“勤”。研究者要勤于积累，要有意识地建立自己的资料库，平时注意做好读书笔记、摘要、札记、卡片等。

（5）查阅文献要“思”。文献资料良莠不齐，研究者要善于思考，只有善于思考才能在查阅文献时发现新问题，去伪存真。

（三）整理和分析文献

1. 整理文献

首先，检索文献后，先浏览，后选择性精读文献，阅读时尽可能有目的性、计划性、顺序性、批判性、交替性，及时记录，记录方法有题录索引和摘要式记录两种。记得建立书目数据库，方便书目数据管理、资料引用、数据备份。

其次，文献资料良莠不齐，有质量高的，也有质量低的，甚至某些文献中还存在虚假资料，研究时要仔细甄别，必须剔除无关材料、假材料、重复材料。选择的材料应真实、准确、典型、新颖、必要、充分。

再次，对所获取的大量文献信息资料分门别类地加以归纳，使原来分散的、个别的、局部的、无系统的信息资料，变成能说明事物的过程或整体的系统资料。

2. 分析文献

对文献资料的分析主要有定性分析和定量分析两种方法，它们从不同的侧面对文献中所包含的信息进行加工和处理。

（四）撰写文献综述

1. 文献综述的含义及意义

文献综述是研究文献的综合评述的简称，指在全面收集有关文献资料的基础上，经过归纳整理、分析鉴别，对某个专题的研究成果进行系统全面的叙述和评论。文献综述不是对以往研究成果的简单介绍与罗列，而是综合和评价。在研究报告中，文献综述处于承上启下的位置，具有提出新意、避免重复劳动的重要功能。

2. 文献综述的特点

（1）系统性。文献综述是对某一研究主题的所有主要研究成果的综合概括，因此，研究者应尽可能把所有重要研究成果收集到手，将各种派别的观点清楚、全面地呈现出来。

（2）描述性。文献综述应对前人研究成果进行客观性的描述，保持“原味”。因此，撰写文献综述要尊重原作者的观点，并简明扼要地加以表述。

（3）评价性。文献综述并不是文献资料的简单“堆叠”，而是“述”，更重要的是“评”，即在对前人的研究成果进行客观系统评价的基础上表明自己的观点。

3. 文献综述的基本内容和结构

文献综述要求向读者介绍某一学科或领域的有关研究的详细资料、动态、进展、展望以及对以上方面的评述。文献综述在写法上没有固定的格式，但一般包含以下基本部分：题目、摘要、关键词、前言、正文、结论和参考文献等。其中，前言、正文、结论和参考文献是文献综述的主体部分。

（1）前言。主要列述综述的对象、原因和意义，介绍有关的概念、文献的范围及基本内容提要，使读者对全文要叙述的问题有初步的了解。

（2）正文。主要包括论据和论证两个部分。通过提出问题、分析问题和解决问题，比较不同学者对同一问题的看法及其理论依据，进一步阐明问题的来龙去脉、未来趋势和自己的见解。

（3）结论。结论是对正文部分作扼要的归纳小结，对各种观点进行综合评价，并概括提出自己的观点、见解或建议，指出存在的问题及今后研究的方向和展望。

（4）参考文献。文末列出参考文献，一方面，表示对被引用文献原作者的尊重；另一方面，表明引用文献资料的依据，为读者深入探讨有关问题提供查找文献的线索。

4. 文献综述撰写的基本要求

（1）收集文献应尽量全面。掌握全面、大量的文献资料是写好综述的前提，尤其是对那些相互矛盾的结论，要仔细分析它们的不同点，尽可能对它们作出解释。

（2）注意引用文献的相关性、代表性、可靠性和科学性。

（3）参考文献不能省略。

（4）要注意区别文献中的观点和文献综述者本人的观点。在历史发展部分可以比较、分析文献中的各种观点；在现状分析、趋势预测和改进建议部分可以充分发表文献综述者本人的观点。

（5）要清楚地表明这样一种事实：所考察领域的研究还不够充分，有待扩展，这样就可以派生出新研究的意义，但不要把文献综述搞成引证材料的罗列。

(6) 文献综述的重点是比较和评价前人研究成果，不是具体介绍自己的研究成果，因而，不宜将自己的研究工作放在综述之中进行自我评价。即便非提不可，也应客观对待。

第三节 提出研究假设，制订研究计划

一、提出研究假设

(一) 研究假设的含义

研究假设是研究者根据已有的知识经验对研究结果的预测，是对课题涉及的主要变量之间相互关系的设想。假设通常由论题、关系陈述、推论三要素组成。论题就是研究要解释和解决的问题；关系陈述是关于问题可能的答案和解释；推论是这种假定性答案的理论依据。

(二) 研究假设的作用

研究假设是建立在事实和科学设想基础之上的，是研究者以一定的研究理论和掌握的事实为前提，通过逻辑推断或科学归纳提出的解释，属于有依据的猜测性观点。研究假设是学前教育研究的核心，能更明确地说明课题，是通向理论的桥梁。

假设的结果，要么是假设被证实，要么是假设被证伪。证实和证伪本身是研究成果的两种不同的表现形式，具有同等的价值。假设被证伪、被否定、被推翻，并不意味着研究本身的失败，否定和排除本身就是学前教育研究中认识发生的一种形式，也是研究成果的一部分。何况有些假设（如虚无假设）的提出，本来就是为了否定假设。胡适有句名言："大胆假设，小心求证。"事实是检验假设的根本标准。

(三) 研究假设的类别

从不同维度或按照不同标准，研究假设通常可作如下分类：

(1) 根据研究假设中变量关系变化的方向，分为条件式假设、差异式假设、函数式假设。

(2) 根据研究假设适用的范围，分为一般假设和特定假设。

(3) 根据研究假设形成的逻辑，分为归纳假设和演绎假设。

(4) 根据研究假设表达的深度，分为相关性假设、因果性假设、预见性假设。

（四）研究假设的特征

1. 科学性

研究假设虽然是一种预先设想的、暂定的、待检验的理论表述，但这种表述并不是毫无根据的凭空设想或主观臆断，是在一定的事实或理论的基础上提出的，只不过这些事实或理论并不能充分证明研究假设。研究假设是严谨的，应该做到：排除偏差、避免混淆、控制无关变量、检验假设时精确统计。

2. 预测性

研究假设正确与否是不确定的，有待于事实的检验，而且变量之间的关系要么正确、要么错误，非真则假、非此即彼，不存在中间答案。

3. 明确性

研究假设是一种肯定判断，需要明确表明两个或两个以上变量之间的关系。研究者应以简洁的陈述句形式直接和明确地表达，避免使用疑问、反问、倒装等语法格式。所涉及的概念也应有明确的内涵和外延。

4. 可检验性

研究假设必须是可检验的，能够在经验层面进行假设验证，以研究证据或经验资料判定其对或错。

虽然研究假设应具备以上一些条件，但在具体的研究中，也有特例：（1）定量研究一般都会提出明确的研究假设，而定性研究可以有研究假设，也可以没有研究假设，或有隐藏的假设。（2）在一项研究中，可以提出一个研究假设，也可以提出一组研究假设，且各个研究假设之间往往应围绕某一较大的研究问题存在一定的逻辑关联。

二、确定研究对象

所谓研究对象，是指在具体研究中研究问题或内容所指向的特定内容。在学前教育研究中，研究问题或内容可以指向某类人群，还可以指向某个教育理论或者实践中需要解决的问题。关于研究对象首先要厘清以下几个相关概念。

（一）总体、抽样和样本

为了更好地揭示教育现象与过程的发展规律，保证研究结果的可靠性，在研究中必须选取有代表性的研究对象。研究对象可以是人，可以是事，也可以是物。一般来说，并不能对所有幼儿或教师或事物进行研究，这需要耗费大量的人力、物力、财力和时间，并且按照统计学原理，也没有必要对所有的研究对象进行研究。因此，在具体研究中必须根据一定的标准来选取研究对象。

1. 总体

总体，是指研究对象的全体，是具有某种特征的个体的集合。在特定的研究中，总体的大小是由研究课题的内涵决定的。例如，“某市公立幼儿园发展策略研究”的总体是某市公立幼儿园。

2. 抽样与样本

抽样，也叫取样，是指按照一定的规则，从总体中选取出具有足够代表性的个体来进行研究的过程。被选取出来的这部分个体叫样本。样本中所包含的个体的数量叫样本容量。

3. 抽样的基本要求

抽样时要注意以下几点：明确研究总体的范围与特征；保证抽样的随机性；保证样本的代表性；确定合理的样本容量。

4. 抽样的基本方法

抽样以概率论为理论基础。抽样的作用是合理地减少研究对象，既可以节约人力、物力、时间，又可以使研究力量相对集中，使研究工作深入、细致，从而提高研究的准确性和可靠性。一般来说，定性研究中抽取的样本数量很小，而定量研究的样本数量较大。抽样的方法主要分为两大类：概率抽样和非概率抽样。概率抽样就是每个研究对象被抽取的概率是已知的，抽样方式是随机的。概率抽样常用于定量研究或大规模的正式研究。非概率抽样是指每个研究对象被抽取的概率是未知的，抽样方式不是随机的，样本是按研究目的选择的。非概率抽样常用于定性研究或小范围的非正式的研究。

（二）研究变量

按研究变量之间关系的不同，研究变量可分为自变量、因变量和控制变量。

1. 自变量

自变量，是引起或产生变化的原因，是指由研究者主动操纵而发生变化的条件、因素或它们的组合，也称刺激变量或操作变量。自变量是研究中需要研究者操作的变量。

2. 因变量

因变量，是指自变量作用于被试后产生的效应，也称为结果变量或反应变量。因变量是研究中需要观测的变量。

3. 控制变量

控制变量，是指与研究目的无关的非研究变量，也称为无关变量。控制变量虽然不是研究的因果因素，但又会对研究结果特别是因变量产生干扰和误导，因此在研究过程中需要加以严格控制。

（三）误差

学前教育测量不同于物理测量，在精确性上存在较大的不确定性，测量中不可避免地带有误差。所谓误差，是指与测量目标有关的任何一种变量或多次测量结果不一致所造成的不准确的测量结果。误差大致分为三类：系统误差、随机误差、测量误差。

（四）抽象定义与操作定义

研究中的变量和假设的变量一旦确定下来，就要给变量下定义，即对研究的核心概念进行界定。常用的定义方法有两种：一是抽象定义，是指从抽象的文字意义上对变量的共性进行概括。二是操作定义，是指根据可观察、可测量、可操作的特征来界定变量含义，操作定义是测量变量所必需的。例如，创造能力是一个变量，但是除非有操作定义，否则无法测量一个人的创造能力。

三、分析研究变量，选择研究方法

一个具体的学前教育研究课题，往往涉及多个变量及其相互关系，即多因多果。因此在形成研究假设、确定研究计划时务必明确相关变量及其相互关系，主要包括以下几点：初步判断和假设自变量与因变量的关系；选择变量；确定因变量；辨别和控制无关变量。

研究方法是从提出问题通往解决问题的桥梁。根据资料收集途径的不同，可以把学前教育研究常用方法分为很多具体方法，本书将在第三章到第十二章逐一介绍。在选择研究方法时研究者应遵循目的性、可行性、客观性、综合性、系统性、伦理性等原则。

四、研究计划（课题论证）的基本内容

研究计划主要包括以下内容：

（1）问题的提出背景、核心概念的界定；

（2）与课题有关的国内外研究现状（文献综述）；

（3）研究的目的、意义（价值）、创新之处；

（4）理论依据、观点、假设、内容和范围；

（5）课题研究的途径、方法、手段；

（6）完成课题研究任务的条件分析；

（7）课题研究实施的步骤、进度安排；

（8）预期成果及成果形式。

五、撰写开题报告

开题报告是课题研究设计的文字说明材料，也可以说是课题论证书。撰写科研开题报告的主要目的是厘清研究思路，完善研究设计，提交评审。开题报告水平是研究水平的重要反映。开题报告本身就是一个相对完整的研究过程的缩影，是预研究。开题报告具体内容见本节“四、研究计划（课题论证）的基本内容”，这里不赘述，因为立项机构一般会给出固定填写模板。

第四节　实施研究过程，收集事实资料

实施研究过程，是指研究者根据计划，开展研究活动，收集有关的事实材料。收集资料，是指获取得出本研究最终结论所需要的事实材料，包括文献资料和数据资料等。收集资料时应注意以下几点：（1）真实、客观、准确、规范；（2）系统、全面；（3）有代表性（典型性）；（4）要兼顾质与量；（5）及时整理记录；（6）作出评析。

本书第三章至第十二章介绍了实施研究过程及收集资料的一系列具体方法。

第五节　整理分析资料，形成研究结论

整理资料是指研究者根据研究任务和材料的不同性质，认真地对收集来的材料采用记录、核对考据、去伪存真、补充淘汰、分类、汇总、统计加工等方法进行整理。

分析资料是指对整理的资料进行逻辑和数据加工，以揭示教育的内在规律，指导教育实践。在学前教育研究中，文献资料主要用逻辑方法进行分析，包括综合、比较、归类、类比、抽象、概括、归纳、推理等；数据资料主要用统计方法进行分析，并把分析结果用数据图表的方式表现出来，数据处理中常用的统计工具有Excel 和SPSS。

形成研究结论是指根据研究的目的、假设与方案作出判断，对材料进行统计分析与逻辑分析之后，看看研究结果是否能够证实假设，从而得出结论。只要按照学前教育研究的基本步骤严谨操作，那么即便是未能验证假设，也不需要推翻重来。因为研究不一定都是“证实”，还可以“证伪”。

本书第十三章详细介绍了“学前教育研究资料的整理与分析”。

第六节　撰写研究报告

撰写研究报告或论文，是指用文字的形式把科研成果表述出来，目的一是交流和推广科研成果，二是提高研究能力。研究报告是对研究工作的总结，应反映研究工作的全过程。撰写研究报告意味着一项研究工作已经基本接近尾声，但是一份高质量的研究报告往往不是在研究结束时才开始动笔的。有经验的研究者甚至在研究设计之时就着手构想最终的研究报告，并注意随时把可以直接用于报告之中的内容收集起来，以备忘录等文字形式存储起来，留待日后应用。高质量的研究报告必须严格遵循相应的写作规范。不同研究类别的研究报告在体例和形式上会有比较鲜明的区别。

本书第十四章详细介绍了“学前教育研究的成果表述与质量评价”。

思考与实训

1. 教育问题和教育课题的区别和联系是什么？
2. 请从正反面分别举例说明确定研究课题的意义。
3. 选择一个研究方案，进行分析和点评。
4. 在中国知网中检索当前学前教育研究热门课题。
5. 选择一个自己喜欢的学前教育研究课题，写一篇文献综述。

拓展阅读

[1] 劳伦斯·马奇，等．怎样做文献综述：六步走向成功［M］．陈静，等译．上海：上海教育出版社，2011.

[2] 威廉·维尔斯马，等．教育研究方法导论［M］．9版．袁振国，等译．北京：教育科学出版社，2010.

[3] 蔡军．学前教育科研方法［M］．西安：陕西师范大学出版社，2013.

[4] 刘晶波．学前教育研究方法［M］．北京：人民教育出版社，2016.

[5] 裴娣娜．教育研究方法导论［M］．合肥：安徽教育出版社，1995.

[6] 陶保平，钱琴珍．学前教育科研方法［M］．3版．上海：华东师范大学出版社，2014.

[7] 王彩凤，庄建东．学前教育研究方法 [M]. 北京：北京师范大学出版社，2011.

[8] 叶澜．教育研究方法论初探 [M]. 上海：上海教育出版社，2018.

[9] 袁振国．教育研究方法 [M]. 北京：高等教育出版社，2000.

[10] 张宝臣，李兰芳．学前教育科学研究方法 [M]. 2 版．上海：复旦大学出版社，2012.

[11] 张燕，邢利娅．学前教育科学研究方法 [M]. 2 版．北京：北京师范大学出版社，2014.

[12] 郑健成．学前教育研究基础 [M]. 北京：北京师范大学出版社，2014.

[13] 白晓娣，陈竞蓉．改革开放 40 年中国农村学前教育研究的知识图谱分析 [J]. 内蒙古师范大学学报（教育科学版），2019 (10).

[14] 郭文斌，周念丽，方俊明．我国学前教育研究热点知识图谱 [J]. 学前教育研究，2014 (1).

[15] 兰国帅，程晋宽，虞永平．21 世纪以来国际学前教育研究：发展与趋势——学前教育领域四种 SCI 和 SSCI 期刊的知识图谱分析 [J]. 教育研究，2017 (4).

[16] 孙刚成，左晶晶．我国近二十五年来的学前教育研究进展——以《学前教育研究》杂志发文的可视化分析为依据 [J]. 陕西学前师范学院学报，2019 (2).

第三章　学前教育质的研究

【本章概要】

质的研究是教育研究的一种研究范式，也称为“质化研究”、“质性研究”或“定性研究”，通常是相对定量研究而言的。质的研究实际上并不是一种具体的研究方法，而是许多不同研究方法的统称，由于它们都不属于量化研究，因此被归成同一类探讨。之后要介绍的观察法（非结构型）、调查法（其中的非结构型访谈法和问卷法）、历史法、比较法、个案研究法、实物分析法、叙事研究法等都属于该研究范式。

量的研究是指从量的方面认识事物的研究方法，即侧重对事物的规模、程度、速度、范围和空间结构的测量、计算和分析，以精确地认识事物的方法，如测量法和实验法等。

质的研究与量的研究不是截然对立的，是一件事情的两个方面，各有所长，一者之长恰是另一者之短，可以互补。这里考虑到学科特点以及教材的性质，重点介绍质的研究。

第一节 质的研究概述

一、质的研究的含义

质的研究也被称为实地研究（field study）或参与观察。总的来说，质的研究可以看作定性研究，因为二者的英文名称相同，都是“qualitative research”，只是在翻译上有些差异，我国常见的翻译有“定性研究”“质的研究”“质化研究”“质性研究”等。质的研究是建立在自然主义、建构主义、后现代主义、解释学、现象学理论基础上的。需要说明的是，质的研究在概念上可以涵盖观察法、调查法、历史法等其他一些研究方法，这里为了叙述方便，将质的研究与其他方法并列进行介绍。

我国该研究领域最有影响力的研究者陈向明指出：“质的研究是以研究者本人作为研究工具，在自然情境下采用多种资料收集方法对社会现象进行整体性探究，使用归纳法分析资料和形成理论，通过与研究对象互动对其行为和意义建构获得解释性理解的一种活动”。[①] 质的研究是教育研究的一种研究范式，通常是相对定量研究而言的。质的研究实际上并不是一种具体的研究方法，而是许多不同研究方法的统称，由于它们都不属于量化研究，因此被归成同一类探讨。定性研究者的目的是更深入了解人类行为及其理由。定性研究调查的是人类决策制定的理由和方法，而不仅仅是人作出什么决定、在何时何地作出决定。

二、质的研究的起源与发展

关于质的研究的起源，可以追溯到人类学的民族志研究。民族志研究通常需要研究者到研究现场，对特定文化中的人群进行详细、生动、情境化的描述，以探究特定文化中人们的生活方式、行为模式和价值观念等。最早将质的研究应用于社会学研究的是以社会学家乔治·米德（George Herbert Mead）为代表的“芝加哥学派”，他们运用参与观察和深度访谈等方法对当时的社会现象进行了研究，其中也包括一些与教育有关的课题。到 20 世纪中叶，量化研究方法大量地应用到社会科学研究领域，质的研究受到冷落。

20 世纪 70 年代后，越来越泛滥的量化研究引起了西方部分研究者的反思。研究者发现，量化研究在进行社会问题或社会现象研究时存在着许多缺陷。他们认为量化研究应用于社会科学研究容易将复杂多变的社会现象作形式化、凝固化、简约

---

① 陈向明．质的研究方法与社会科学研究［M］．北京：教育科学出版社，2000：12.

化和静态化的处理，损害了社会现象本身的整体性、意义性和动态性，未能在微观层面对社会现象进行深入细致的观察分析。而质的研究正好能够弥补量化研究的这些不足。他们重新审视社会科学研究中运用量化研究方法的局限性，重新认识质的研究的重要性，质的研究方法逐渐为越来越多的研究者所采用。如今，质的研究已经发展为具有鲜明的研究特点、严格的研究规范的重要的研究范式，广泛应用于社会科学研究中。

在我国，自 20 世纪 80 年代以来，一些学者陆续介绍了西方社会科学研究中常用的质的研究方法，并应用质的研究方法开展了一些研究。其中，陈向明博士对质的研究方法作了系统详细的介绍，并运用质的研究方法开展了教育科学领域的研究，取得了一定的研究成果。

三、质的研究的特点

研究者们虽然在质的研究的定义上存在分歧，但是已经对质的研究的特点达成了共识。通常认为，质的研究主要具有以下几个特点。

（一）在研究的目的上，质的研究重视对意义的阐释性理解

在质的研究中，研究者通过与研究对象面对面地交往，实地考察研究对象的日常生活状态和过程，了解研究对象所处的环境以及环境对他们产生的影响，其目的是对研究对象的个人经验和意义建构作“解释性理解”或“领会”。由于理解是双方互动的结果，所以研究者不仅要从研究对象的角度出发，了解他们的思想、情感、价值观念和知觉规则，还要从自身角度出发，了解自己是如何获得对研究对象意义的解释、自己与研究对象的互动对理解对方的行为有什么作用、自己对研究对象行为进行的解释是否是确切的。在质的研究报告中，研究者也需要对自己的角色、个人身份、思想倾向、与研究对象之间的关系以及所有这些因素对研究过程和结果所产生的影响进行反省。

（二）在哲学基础上，质的研究基于自然主义的探究传统

在研究的情境上，质的研究是在自然情境中进行的。其一，质的研究注重实地研究。对资料的收集和结果的解释都依存于收集资料的情境。因此，质的研究必须在自然情境中进行，而非在人工控制的环境中进行。研究者本人需要花费相当多的时间，深入幼儿园、家庭、社区场所，亲自看一看发生了什么事情，亲自了解那里的人们在做什么、想什么，并将所了解到的事物具体描述出来。其二，质的研究认为人的行为受到情境的影响很大，研究者需要直接进入某个情境中观察其中人们的行动，才能了解人们做出行动的意义。因此，质的研究要求研究者在对某个事件进

行考察时，不仅要了解该事件本身，还应了解该事件发生和变化时的社会文化背景以及该事件与其他事件的关系。所以，有人提出，质的研究就是一种“情境中的研究”。

（三）在资料收集和研究结果的呈现上，质的研究具有现象描述的特征

质的研究主要采用访谈、观察和实物分析等方法。质的研究收集到的观察记录、访谈记录与文献资料往往是描述性的，在表述研究结果时也是利用描述性的文字或图片。这些资料被称为软性资料，其内容包括现场记录、访谈记录、官方或私人文件、备忘录、照片、图表、录像带、报纸、电影、电视剧、电子邮件、民间故事、生活史料等，也有叙述性的——关于婚姻、疾病、战斗英雄的事迹、戒烟的故事等的叙述。这也是质的研究突出的特点之一，所以需要专业的研究者对定性数据进行分析。

（四）在结论和理论的形成方式上，质的研究采用自下而上的归纳法

通过观察、访谈等手段收集到的资料往往比较凌乱，缺少条理，必须进行加工处理。质的研究中的资料分析主要采用归纳的方法，自下而上地在原始资料的基础上建立分析类别和理论假设，然后通过相关检验逐步进行充实和系统化。质的研究主要是为了发现什么，而不一定要证实什么，也就是对通过观察、访谈所收集到的资料进行分析和归纳。因此，质的研究结果只适用于特定的情境和条件，不能推广到样本之外。质的研究目的是理解特定的社会场景，而不是对与该场景类似的情形进行推论。

（五）在研究对象上，质的研究追求“解释性理解”

质的研究要求研究者站在研究对象的立场上，“将心比心”地来理解他们的行为及其意义解释。质的研究的主要目的是对研究对象的个人经验和意义建构作“解释性理解”。研究者只有理解了研究对象的思想、感情、价值观念和知觉规则，才可能理解他们对自己行为和周围环境的解释，进而才可能理解他们具体外显的行为。

（六）在研究的过程上，质的研究讲究开放和灵活

在开展质的研究前只提出大体的研究思路，不对研究作详尽的假设。在这个动态的研究过程中，研究者和研究对象都会发生改变，研究的设计可能会变，收集和分析资料的方法会变，建构理论的方式也会变。因此，质的研究是个不断演化的过程，不可能“一次定终身”。

（七）在研究者与研究对象的关系上，质的研究重视建立关系

量化研究割裂研究者与研究对象之间的关系，要求研究者在对研究对象进行观

察、访谈时采用价值中立的态度，即要求研究者“冷冰冰”地去看待研究对象。而质的研究认为，社会科学的研究对象是社会现象而不是物的现象，关于人的研究与自然科学关于物的研究是存在着本质区别的，社会科学的任何研究都是以价值为基础的。研究者的生活背景、思想理念、价值观念和方法论等方面的特点与差异都不可避免地影响着研究的过程与结果。这种影响一方面表现在课题的选择、资料的收集与整理等研究环节之中，另一方面表现在研究时与研究对象的互动过程中。因此，质的研究承认不同价值观介入的存在。由于注重对研究对象的“解释性理解”，质的研究特别重视研究者与研究对象之间的伦理道德问题，肯定和倡导研究中的人文关怀。如果与代表自然科学研究传统的实验研究相比较，质的研究的特点将更加容易把握。

在研究者与研究对象的关系上，质的研究强调研究者与研究对象之间的互动关系，强调研究者是一个学习者。质的研究者在情境现场要以一个学习者的姿态出现，要具有和他人接触及建立关系的能力，在研究过程中要向情境现场的参与者学习，学习研究对象们观看世界的方式，了解世界上各种不同的情境场所和人们的共同经验，以加深对不同概念和工作方法的了解。

由于在指导思想和操作手段上存在差异，量的研究和质的研究所关注的焦点各有不同。总的来说，量的研究依靠对事物可以量化的部分及其相关关系进行测量计算和分析，以达到对事物“本质”的一定把握。而质的研究是研究者通过和研究对象之间的互动对事物进行深入、细致、长期的体验，然后对事物的“质”得到一个比较整体性的、解释性的理解。

四、质的研究与量的研究的关系

量的研究，是指从量的方面认识事物的研究方法，即侧重对事物的规模、程度、速度、范围和空间结构的测量、计算和分析，以精确地认识事物的方法，如测量法和实验法等。质的研究，则是指侧重于从质的规定性方面认识事物的研究方法。

质的研究与量的研究是从哲学上对事物的规定性角度来划分的。任何事物都具有质和量两种规定性。质是事物内在的规定性，但通过事物的外在具体特性表现出来。在我国学术界，定性研究与定量研究（通常也称为“量的研究”“量化研究”）是相对应的两个概念，是一件事情的两个方面。同时，也正是它们之间的区别，使量的研究和质的研究各有所长，主要表现在如下几个方面：

（1）就哲学基础来看，量的研究与质的研究分别代表了两种不同的哲学基础和两种不同的研究范式。量的研究方法的哲学基础是实证主义、科学主义。而质的研究方法的哲学基础则是自然主义、人文主义、解释主义和建构主义等。

（2）就研究方法来看，量的研究方法的特点在于追求客观性、因果性、概括性和普遍性，研究方式采用的是假设演绎模式，带有明显的线性、序列特征。量的研究在确定研究假设和目标的基础上，通过抽样、调查、测量、实验，对获得的数据进行统计、分析得出结论。量的研究方法强调精确性和客观性，研究中极力排除研究者本人的主观影响，保持价值中立，从而使研究过程和结论客观公正。而质的研究方法的特点在于体现主观性、意义性、归纳性、参与性、特例性和专有性，研究方式采用事实-归纳模式。质的研究强调在自然情境中收集、记录描述性资料，通过诠释和移情的途径来归纳分析，揭示和理解教育现象及其意义。

（3）就研究对象范围来看，量的研究比较适合宏观层面的大规模的调查与预测。而质的研究比较适合在微观层面对个别事物进行细致、动态的描述和分析。

（4）就研究问题的角度来看，量的研究证实的是有关社会现象的平均情况，因而注重研究对象、研究问题的普遍性、代表性及普遍指导意义。而质的研究则注重研究对象、研究问题的个别性、特殊性，以此发现问题或提出发现问题的新角度。同时，因为质的研究需要占有并展现典型的事实材料，所以研究者本人可以适时地提供自己对某个事件的经历、了解、看法和反思。正是质的研究这种主观特点，反映了研究者理解该事件的心路历程，从而能够让读者通过对所描述事件的认同和共鸣来判断研究过程和结论的真实性和可靠性。

（5）就研究过程来看，量的研究是一种静态研究，它将研究对象可以量化的部分在某一时间范围内固定起来后进行数量上的计算。而质的研究具有动态性，在时间的流动中追踪事件的发展过程，使用语言和图像作为表述的手段。它是对研究对象发生、发展的过程进行研究，并且可以随时修订研究计划，变更研究内容。

（6）就研究的假设来看，量的研究要有一定的理论假设，从研究者自己事先设定的假设出发，并通过分析数据来验证假设。而质的研究不一定需要事先设定假设，研究过程强调从研究对象的角度了解他们的看法，将他们的概念和语词作为分析的单位，逐步形成理论假设。

（7）就研究者与研究对象及研究情境的关系来看，量的研究是与具体情境相分离的，极力排除研究者本人对研究的影响，尽量做到价值中立，不要求研究者直接参与到教育活动中去，而是追求研究资料、研究结论的精确性。而质的研究是把自然情境作为资料的直接源泉，十分重视研究者对研究过程和结果的影响，要求研究者对自己的行为以及自己与研究对象之间的关系进行反思。所以在质的研究中，研究者需要花费相当多的时间深入到幼儿园、家庭和社会中，了解有关问题，离开具体情境就不能理解教育活动的实际内涵及意义。

由此可见，质的研究与量的研究不是截然对立的，一者之长恰是一者之短，两者不是相互排斥的，而是互补的。现在人们已经认识到，无论是量的研究，还是质的研究，都有其存在的意义和价值。

第二节　质的研究的基本步骤

需要专门提示的一点是：这里以及之后每个章节中的研究步骤与第二章中介绍的基本步骤都是统一的，只不过上一章中介绍了所有研究方法的共性的步骤，而之后的更侧重了具体方法的研究步骤，所以很多共性的步骤和操作方法不作赘述。虽说质的研究是一个研究范畴，并没有固定的、具体的研究模式，其中的每一种具体方法都有其独特的研究步骤，但是整体而言也是有共性的，以下简单介绍质的研究的整体基本步骤。

一、确定研究现象，提出研究问题

（一）确定研究现象

在质的研究中，确定研究现象时尤其要注意以下两个问题：第一，研究现象的范围应比较宽泛，以免漏掉其他重要的现象。研究开始后，可以逐步缩小自己的研究范围。第二，对研究现象进行界定时不要把自己没有经过检验的“前设”塞到对研究现象的表述中。比如，我们将研究现象命名为“隔代抚养不利于幼儿成长”，其中就隐含了一个前设，即“隔代抚养”必然“不利于”幼儿成长。而如果对隔代抚养进行研究，可能会发现事实情况并非如此，或者至少不那么简单。

（二）提出研究问题

在质的研究中，寻找研究问题的过程是个不断聚焦、类似于漏斗状的过程，从开始一个比较宽泛的视野，逐步缩小关注的范围，最后集中到自己认为重要的一个或数个问题上。例如，在学前教育研究中，研究者对幼儿教师感兴趣，第一步可先将研究问题限定在“幼儿教师研究”上；第二步根据幼儿园教育实践和《幼儿园教师专业标准（试行）》等多方面的依据，确定更具体的研究范围：“幼儿教师专业发展”；第三步选择该领域中某一个具体的研究问题，如“乡村幼儿教师专业发展路径研究”。需要注意的是研究的问题应该具备研究价值和可操作性。

（三）界定研究问题

研究者可根据研究的时间和地点、研究者人数、研究经费、研究的方法类型等因素确定研究的内容、研究的目标、研究的任务和研究的范围。如“幼儿教师对自己职业看法的研究”中，幼儿教师仅仅是指城市的幼儿教师吗？仅仅是指公立幼儿园的幼儿教师吗？是否需要考虑教师的性别、工作年限、学历？就此进一步提出核心概念的内涵及外延。

（四）陈述研究问题

界定研究问题后，我们还需要对研究问题进行语言文字的表述。如果计划了解一所幼儿园的5位教师对自己职业的看法，应该将问题表述为“某幼儿园5位教师对自己职业的看法”，还是“幼儿教师对自己职业看法的研究”？质的研究注重对问题的边界进行界定，研究问题的表述愈具体愈好。有时候，为了使研究的问题不至于显得太小，研究者可以在研究报告中使用“幼儿教师对自己职业看法的研究”，但在对问题的说明里应明确指出，这里所说的幼儿园是“×市××幼儿园”，“教师”仅仅指该幼儿园的5位教师。

（五）陈述研究的目的和意义

质的研究重视对研究的目的和意义进行讨论。同量的研究一样，质的研究也追求理论和实践的意义，如为追求客观真理提供有益的知识、改变社会不良的现象、解决教育中的某些问题等。与量的研究不同的是，质的研究认为个人目的是从事研究的一笔财富，可以为研究提供动力、理论和资料。因此，它主张应想办法积极利用个人目的，即承认研究者的个人动机、利益和愿望的价值，如满足自己的好奇心，希望通过研究成果提高自己的声誉，把研究作为找工作或高升的筹码等。

二、了解背景知识，构建概念框架

（一）了解背景知识

质的研究的背景知识除了现有的研究成果，还包括研究者个人的知识以及研究者本人对该研究问题的个人经历、了解和看法。除了检索与自己的研究问题有关的领域，还应检索相关领域的主要研究和发现，做文献综述。质的研究强调对研究者的个人背景知识进行反思，认为个人的经历不仅影响从事研究的方式，而且对研究本身来说是十分有价值的知识。

（二）构建概念框架

概念框架也称研究设计、设计思路，是指根据目前已有的知识对本研究提出初步的设想。它是为了使研究更好地开展的一个最初的计划，一般包括：组成研究问题的重要概念以及这些概念之间的各种关系；研究问题的范围、内容维度和层次；研究者自己目前发展出来的工作假设。

三、选择研究对象，收集资料

（一）选择研究对象

质的研究的目的是对某一个研究问题进行比较深入的探讨，样本一般比较小，采取的是“目的性抽样”的原则。所谓“目的性抽样”，是指按照研究的目的抽取能够为研究问题提供最大信息量的研究对象。抽样时应考虑对本研究问题具有重要意义的因素，如样本的性别、年龄、职业、家庭背景等。例如，要进行一个关于亲子教育观的研究，我们不能只是选择同一类型的家长，还必须考虑和确保这些家长是能配合我们的研究、为我们提供信息和便利的人。在选择研究对象时，为最大限度地获取资料，应挑选那些在被研究文化中生活时间较长、了解该文化内部实情、具有一定观察和反思能力、性格比较外向、善于表达自己的人。

（二）进入现场

进入现场即研究者实际与研究对象接触，以便从研究对象那里收集资料。研究者应做好进入现场的准备工作，如准备好研究时需要的设备、了解当地的人员关系和人们认可的行为规范、了解应该事先取得哪些机构和人员（在质的研究中被称为“守门员”）的同意以后才能合法地进行研究；在实际接触研究对象时，应考虑如何与他们建立并保持良好的关系，还要告知研究对象研究的基本情况，如自己的个人背景、研究的内容和目的、自己对对方的期待、研究结果的去向、保密原则等；如果研究对象拒绝参与研究或者半途退出，研究者应该仔细寻找原因，与研究对象进行协商或重新选择研究对象，并将这一过程及其对研究的影响在研究报告中加以呈现。

（三）收集资料

质的研究十分重视资料的收集工作，收集资料是质的研究的基础环节。质的研究中的“资料”定义比较宽泛，只要可以为研究的目的服务，可以用来回答研究的问题，就可以作为研究的资料。质的研究者应根据研究的问题、目的、对象和情景等因素选择收集资料的方法，不能为了方法而选择方法。在众多的资料收集方法中，最常用的有观察、访谈、实物收集、查阅有关文献、记录当事人档案和录下口述文字资料。其中，以前三种为主，详见相关的章节。

四、整理和分析资料，建构理论

（一）整理和分析资料

对资料的整理工作与对资料的分析工作是同步进行的。在对资料进行整理的同时，对资料的分析也在进行。整理和分析资料开始得越早越好，不应拖到积累了很多资料以后再进行。资料的整理工作是对所收集的原始资料进行加工，使其系统化和条理化。整理资料，还可以为下一步的资料收集工作提供聚焦的方向。质的研究对资料整理工作要求特别严格，需要将资料的内容一字不漏地记录下来。比如访谈中的录音记录必须逐字整理出来，对访谈、观察等的情境及被访者、被观察者的非言语行为等都要加以客观描述，及时补充或纠正实物不全或记录有误的地方。质的研究的资料分析是一个循环的过程，要经过一定的步骤。资料分析一般采用归纳法，从原始材料逐步抽象到概念，其具体方法丰富多样，常用的有类属分析和情境分析。

（二）建构理论

在对资料进行整理和分析的同时，实际上就已经开始了初步的对研究结果作出结论的工作。质的研究中的理论建构走的是自下而上的路线，即从原始资料出发，通过归纳分析逐步产生理论。质的研究中一个十分著名的建构理论的方法是“扎根理论”，扎根理论在学前教育研究中具有适宜性。

（三）理论检测

质的研究的理论检测包括以下几个方面。

1. 效度问题

质的研究者可以通过询问自己这样的问题来检验和保证研究的效度：我的研究结果是否是真实的？我如何知道它们是真实的？我在研究中有可能犯哪些错误？我如何处理研究中不真实的信息？我如何使自己的研究结果令人信服？如果我采用不同的研究方式是否会得出不同的结果？如果我继续收集资料，这些资料如何支持或反驳我得出的结论？等等。

2. 信度问题

质的研究将研究者本人作为研究的工具，强调研究者个人与研究对象之间的关系对研究结果的影响。因此，即使是在同一地点、同一时间，就同一问题，对同一人群所作的研究，研究的结果也可能因研究者的不同而有所不同。所以，在质的研究中一般不讨论信度问题。

3. 推广度问题

质的研究选择的样本一般比较小，而且抽样时遵循“目的性抽样”的原则，这种研究结果不能按照量的研究的定义进行推论。然而，质的研究者也希望自己的研究能对本研究范围之外的人和事物具有借鉴意义。

4. 伦理道德问题

伦理道德问题是贯穿研究始终的一个因素。用质的研究方法进行研究应遵循以下伦理道德原则：自愿原则、保密原则、公正合理原则、公平回报原则等。

五、撰写研究报告

研究报告是对研究结果的呈现。其写作特别强调对研究现象进行整体性的、情境化的动态“深描”，是一个描述、思考和对现实的解释性的构建过程。其显著特点或要求是：采用描述性语言，重视细节和情境的勾勒，力求“原汁原味”地呈现有价值的素材，通过详尽、细致的描述，力图将读者带到现场，使其有“身临其境”的带入感，从而产生感情共鸣。也正是这个原因，质的研究在学前教育领域有着独特的价值，因为学前教育中的教师、学前儿童、家长等都是有情感的、动态的，质的研究可以让我们在思想上和感情上同频共振。总之，质的研究报告既要有故事性描述，也要有深刻的分析，使细腻的情感氛围与浓郁的叙事风格相辅相成。其写作模式没有固定章法可循，可根据具体研究，参照具体方法的写作方式（详见相应章节）。

思考与实训

1. 相对于量的研究，质的研究有什么特点？
2. 参考“拓展阅读”部分，探讨“扎根理论”的基本步骤。
3. 在质的研究中，如何考虑效度和信度的问题？
4. 质的研究具有什么理论取向？你倾向于什么理论取向？
5. 为什么说质的研究方法适合学前教育研究？
6. 选择一篇关于教育的质的研究报告，分析其优缺点并提出改进意见。
7. 选择一个教育现象，分析如果对其分别进行质的研究和量的研究的话应如何操作。

拓展阅读

[1] 陈向明．教师如何作质的研究［M］. 北京：教育科学出版社，2001.

[2] 陈向明．教育研究方法［M］. 北京：教育科学出版社，2013.

[3] 陈向明．质的研究方法与社会科学研究［M］. 北京：教育科学出版社，2000.

[4] 威廉・维尔斯马，等．教育研究方法导论［M］. 9 版．袁振国，等译．北京：教育科学出版社，2010.

第四章　学前教育行动研究

【本章概要】

行动研究是近些年来在教育研究领域非常受关注的一种综合性的研究活动。它的产生与发展有着多学科的背景。行动研究的宗旨在于探讨解决实践问题的具体策略、改进现实的工作状况，因而它既是一种研究的范式，又是一种社会实践行动。本章对行动研究的含义、特点、意义、步骤、方法等进行了介绍。

第一节　行动研究概述

一、行动研究的含义

20世纪70年代以来，在关于教育理论与教育实践的关系、研究者与教师的关系等的讨论中，“教师即研究者”“反思的实践者”“反思性教学”“行动研究”等概念越来越多地出现在论著中。这些概念表达了一个理念：作为实践者的教师，应该结束长期以来凭借个人经验从事自己事业的“教书匠”形象，积极树立“教师即研究者”的新形象。

行动研究是一种教育研究模式，是教师和教育管理人员、专职教育研究人员密切配合，针对教育实践过程中遇到的具体问题，运用各种可能的研究方法进行探讨并以最终解决问题、推动教育工作的改进为宗旨的一种教育研究活动。行动研究不是一种具体的研究方法，而是一种研究取向。它既不同于单纯的研究方法（比如访谈、观察、问卷调查等），也不同于某一个具体的研究范式（比如量的研究、质的研究）。

二、行动研究的特点

（一）为什么研究？——“为行动而研究”

传统研究的研究目的在于发现普遍规律，是“为理论而研究”。而行动研究打破了传统研究在研究目的上的局限性，是为了解决教育教学实践中的问题，为了行动的改进、实践的改进而研究。学前教育行动研究最主要的目的是改进教育行动实践，是以问题为中心。近年来，行动研究作为一种教师“专业发展”的途径越来越受到人们的重视。

（二）研究什么？——“对行动进行研究”

行动研究抓住行动中值得关注的对象作为研究的问题。行动研究关注学前儿童行动的改进，但它是通过关注教师或其他学前教育人员行动的改进来实现学前儿童行动的改进的。它要分析问题之所在，提出解决问题的策略、方法，最后解决问题。其他研究也会对行动进行研究，但它们没有行动研究这么专一，往往只针对问题的某一方面，有的只调查分析现状，但谁去解决问题、能否解决问题则不管。而行动研究是“一条龙服务”，它把研究问题和解决问题结合起来。

（三）谁研究？——“由行动者研究”

开展行动研究的人就是学前教育行动者——幼儿园的广大教育工作者等。他们一边工作，一边研究，研究的结果又运用于改进自己的工作，从而把探索研究结果和运用研究结果结合起来。研究结果的产出者和应用者集于一身，这比起其他种类的研究来说是绝无仅有的。这种幼儿园教师对教育研究的积极参与，使教师不再只是研究方案的操作者和教育行政指令的执行者，还成为教育问题研究者。

（四）怎么研究？——“边行动边研究”

行动研究的环境是教师工作于其中的实际环境。教师在自身的教育行动中发现、分析和解决问题，从而改进自身工作，这就把教育研究和教育行动密切结合起来。行动研究要通过研究者行动上的干预来达到对对象的改变。行动干预的进程和方法没有一个严格的程序，也无法预先完整地设定。它具有弹性或动态性，由研究者根据情况边行动边修改。因此，它要求教师不断反思行动的过程和效果，适时调整研究方法。行动研究是系统、持续地，而不是零碎、偶然地思考和解决问题。

由此可见，行动研究的优点在于：灵活，能适时作出反馈与调整；能将理论研究与实践问题结合起来；便于教师从事研究；有助于教师的专业成长。缺点在于：研究只是遵循日常生活中解决问题的方式，过于自然；所有方法都可以拿来用，没有形成自己独立的研究方法；研究过程松散、随意；对研究样本缺少控制，影响研究的代表性；受研究者自身影响，研究往往缺乏客观性；研究效果无法自行应验，难于推广应用。

三、学前教育行动研究的意义

（一）有利于解决教育实际问题，促进教育改革

从我国学前教育研究的基础、现状和条件来看，目前我国的学前教育研究尚不完全具备高度科学的控制、测量手段和设备及技术条件，幼儿教师所接受的研究方法训练也相对薄弱，独立进行研究的能力、精力和时间相对有限。在这种情况下，一味强调进行严格的量的研究或质的研究，难度过大，而行动研究则无疑成了教育实践者的最佳选择。

（二）是解决理论脱离实践问题的良好途径

在行动研究中，专职研究者和教育实践者同为研究的主体，大家各展所长，通力合作，围绕着现实中的具体问题共同制订研究计划、实施行动，共同反思、修订计划。整个研究过程既解决了实际问题，又建构并获得了新的知识。因此，行动研究是克服以往教育理论脱离教育实践这一弊端的有效方法。

（三）能够促进幼儿教师专业化发展

行动研究是“以问题为中心”的研究，由于幼儿教师深入幼儿生活的实践，和幼儿朝夕相处，他们对孩子行为的理解与判断往往更接近于事实本身，他们所提出的解决问题的策略往往可操作性更强，他们的研究成果也更有价值、更被看重。教师进行行动研究的过程也是教师逐步成为研究者的过程。

第二节　行动研究的基本步骤

一、行动研究的实施步骤

（一）计划

这一阶段研究者面临的主要任务是明确问题、分析问题、制订计划。以大量的

事实发现和调查研究为前提，从解决教育情境中的问题的需要和设想出发，收集各种有关的理论基础与背景知识，以及一切具有潜在运用价值的方法，从多个角度加深对所要研究问题的认识，同时初步确定解决问题的策略。

（二）行动

把计划付诸行动是行动研究的核心步骤。行动研究的根本目的就是要通过行动来解决实践中的具体问题。在行动这一阶段，研究者的工作有两个内容，一是要基本按照计划实施行动，二是要对行动的过程进行观察和记录。在执行计划时，不能唯计划是从，而是要边行动边调整。在进行观察时，应该不拘泥于特定的程序和技术，尝试使用各种有效的技术手段和方法去记录、收集有关的资料，根据具体情况及时调整计划。

（三）反思

反思的主要任务是在经过一段时间的行动，观察并收集了相当数量的行动研究资料之后，对先前计划的行动目标、方式、策略、步骤等各个环节进行反复考虑评定，而后提出新的计划或行动方案。在这个过程中，研究者往往需要从各个视角审视自己的研究工作。

（四）撰写研究报告

行动研究的研究报告撰写风格与质的研究报告有比较多的相近之处，但是因为研究报告的总体特征与研究中具体应用的研究方法密切相关，所以如果行动研究过程以量的研究方法为主，那么行动研究报告在数据呈现、文字说明方面都会更趋近于量的研究报告的成文方式。

二、开展学前教育行动研究应注意的问题

（一）要实现从“经验主义的实践者”向“行动的研究者”的转变

行动研究需要借助于理性思考的力量，发现有价值的研究问题，提出解决问题的新设计、新方案，增强科学的预见性，避免行动的盲目性，所以要求幼儿教师不断提高专业理论素养，要共同合作、善于思考。反思是行动研究的灵魂，教师要通过反思，深刻地领会先进的教育思想，从根本上改进教育教学工作方法。

（二）要掌握行动研究的方法技术

行动研究的方法技术具体体现在制订计划、开展行动、收集资料和进行反思的操作技术中，掌握行动研究的方法技术是开展行动研究的基础。例如，能够按行动研究计划的格式和要求撰写行动研究计划，掌握收集资料的方法技术，掌握表述研

究成果的技术等。

（三）要优化教育研究管理机制

行动是幼儿园教育管理中的一项综合性活动。因此，需要管理者加大支持与投入，通过组织协调教育队伍，充分发挥教育人力、财力、物力等方面的作用，利用内部各种有利条件开展行动研究。例如，幼儿园领导要鼓励全体教师增强科研意识，为教师减去不必要的工作负担，增加教师行动研究的时间，提供物质帮助，加强幼儿园教师资料室的建设，聘请有关专家作为教师开展行动研究的引路人和指导者，加大激励力度等。

三、行动研究的具体研究方法

因为不受研究范式的制约，所以行动研究在具体研究方法的运用上非常灵活。不论是量的研究方法还是质的研究方法，只要对达到行动目标本身有帮助，研究者便都可以采用。需要特别指出的是，有些研究方法在行动研究中被采用的频率比较高，比如观察法、访谈法（特别是焦点小组访谈）、问卷调查法等。关于每一种研究方法的具体应用方式和应用时需要注意的问题，请见本书相关章节。

四、行动研究成果表达形式

行动研究成果的表达，是指在行动研究的过程中或行动研究告一段落后，对行动研究的过程进行记录、描写、阐释和反思。行动研究成果的写作，既是教师参加行动研究过程中和过程后的自我总结，也是让他人了解自己研究的方式。这既是一次行动研究的过程的小结，也是一次新的行动研究的开端。行动研究成果主要的表达形式有教育日志、教育叙事、教育案例、教育课例等。

思考与实训

1. 举例说明你对行动研究的认识。
2. 行动研究具有哪些特点？
3. 选择一个自己感兴趣的主题，尝试运用行动研究方法开展学前教育研究，并形成研究报告。

拓展阅读

［1］蔡军．学前教育科研方法［M］．西安：陕西师范大学出版社，2013.

[2] 陈向明．教育研究方法 [M]. 北京：教育科学出版社，2013.

[3] 刘良华．重申“行动研究”[J]. 比较教育研究，2005 (5).

[4] 王彩凤，庄建东．学前教育研究方法 [M]. 北京：北京师范大学出版社，2011.

[5] 杨宏伟．幼儿教师怎样进行行动研究 [J]. 学前教育研究，2004 (6).

[6] 郑健成．学前教育研究基础 [M]. 北京：北京师范大学出版社，2014.

第五章　学前教育观察研究法

【本章概要】

作为科学研究的方法之一，观察法区别于一般的日常生活中的观察，具有目的性与计划性、直接性、情境性、情感性、及时性、纵贯性和普适性等特点。科学的观察要求观察者预先进行充分的计划和准备，根据不同的研究目的采用不同的观察方法和记录方法，力求观察资料的代表性和观察结果的稳定性，避免各种误差的干扰。观察法是学前教育研究中极为常用的一种方法，在许多课题领域内都得到广泛的运用，因此，学前教育研究者掌握观察法显得尤为重要。本章将详细介绍观察法的含义、类型、特点、优缺点，以及观察法的实施步骤和具体的案例等。

第一节　观察法概述

一、观察法的含义

观察是教育研究中最古老的方法，自古便应用到对教育的研究中。观察的便利，也使其成为应用最为广泛的研究方法。观察法是指研究者凭借自身的感觉器官和其他辅助工具，在教育活动的自然状态下，对研究对象进行的有目的、有计划的考察和研究的方法。所谓“自然状态”，即对所观察的现象或行为不加以人为的控制，使它们以本来面目客观地呈现出来。但作为科学研究的方法之一，对观察这些现象的过程又不能完全任其自然而毫无控制。尤其是在比较正式的观察中，为尽量减少误差，增强结论的可靠性，观察者应当将观察步骤、途径、方式等在一定程度上加以控制。教育观察法应是一种有目的、有计划、有一定控制的研究方式。

二、观察法的类型

（一）根据观察的情境和条件，可分为自然观察与实验室观察

自然观察是指在一般的日常情境中，随着行为或事件的自然发生与进程进行观察，不采取任何人为干预手段。实验室观察则是指在实验室有控制的条件下的观察，需要设置特定的情境、规定刺激的性质，观察特定条件下的特定行为。

自然观察是最古老的也是最基本的观察，尤其适用于学前儿童发展和教育研究。这种观察能系统地记录儿童的发展性变化，能收集到较为客观真实的资料，具有生态效应。但它也有缺点，即观察结果难免带有主观选择性，观察者只记录自己感兴趣的行为表现，而可能忽略一些重要的行为细节。实验室观察由于是在严密的条件控制下进行观察，能克服因观察者主观选择而产生的误差。但由于人为控制难度较高，实施起来较困难；另外还可能影响研究结果的真实性和可推广性。

（二）根据观察内容的不同要求，可分为系统观察和局部观察

系统观察要求全面整体地了解所观察的现象或对象，通常需要一个周密的计划和一个较长的过程。局部观察（又称个别观察）侧重了解某一个方面的情况，获得有关局部问题的认识。

（三）根据观察者是否参与观察对象的活动，可分为参与性观察和非参与性观察

参与性观察是指研究者不同程度地参与到观察对象的群体、组织中去，与其共同生活并参与日常活动，从内部观察并记录观察对象的行为表现与活动过程。如为了了解某个少数民族人们的生活习惯、社会交往规则等，研究人员长期生活在少数民族居住的村寨，作为其成员之一进行观察和研究。非参与性观察是指观察者不介入观察对象的活动，不干预其变化发展，以局外人和旁观者的身份从外部了解观察对象。

参与性观察的优点是可缩短观察者和观察对象的心理距离，使观察者能深入观察对象的内部，追根究源，发现用其他方式难以了解的问题。但是参与性观察也有缺点，如果观察者过分参与，往往会带进自己的情感，影响观察的客观性。而非参与性观察由于不干预观察对象的发展和变化，只是从旁观者的角度对正在发生的行

为现象进行记录，因此所得的结论相对客观。但观察内容易表面化，不易获得深层次的信息。

（四）根据是否使用中介物，可分为直接观察和间接观察

直接观察（又称人工观察）是指不借助仪器，靠观察者自身的感觉器官进行观察。间接观察则是指利用仪器或技术手段如录音、录像等为中介，间接地对现象或行为进行观测，从而获取资料的观察。

直接观察的优点是观察者身临其境，感受真切、直观、具体，有助于形成对观察对象的整体认识，适合在实践第一线的教师应用。但人的感官具有一定的局限性，视野与精力有限，记录难以精确全面，所观察的行为或现象不能被完整地保存下来，难以再现原始情境。与直接观察相比，间接观察则能将现场情境尽可能地保留下来，可供日后重复观测和反复分析使用。因此，现行的观察常需要以间接观察作为辅助手段，利用现代化的仪器设备，使观察更精确、更全面。

（五）根据观察是否有严格的设计，可分为结构性观察和非结构性观察

结构性观察是指对观察的内容、程序、记录方法都进行比较细致的设计和考虑，观察时基本上按照设计的步骤进行，观察的记录结果也适合进行量化处理，这种观察多用于验证性研究。非结构性观察事先没有严格的设计，比较灵活，可以根据观察过程中发现的现象进行选择性观察，而不必受设计的框架限制，但是其结果往往难以进行量化处理。非结构性观察适用于教师获取日常教育、教学等方面的信息和对儿童身心发展各种特点的认识，多用于探索性的观察研究。

三、观察法的特点及优缺点

（一）观察法的特点

1. 目的性与计划性

目的性与计划性是指观察法不同于教师日常教学的观察。日常教学的观察大都以随机性、即时性的观察为主，而观察法的核心任务是针对特殊选择的需要，发现一定内容，回答特定范围的问题，所以观察法需要事先进行研究设计，突出目的性和计划性。

2. 直接性

直接性是指观察者与观察对象有直接接触与联系，不需要其他中间环节，观察到的结果和所获得的信息资料具有真实可靠性，是第一手资料。

3. 情境性

情境性是指观察一般是在自然状态下实施的，对观察对象不产生作用与影响，

即无外来人为因素的干扰，不会产生反应性副作用，能获得生动朴素的资料，具有一定的客观性。

4. 情感性

情感性是指观察者往往容易受到个人的感情色彩和“先入为主”的成见的影响。

5. 及时性

及时性是指观察及时，能捕捉到正在发生的现象，所获得的信息资料及时、新鲜。

6. 纵惯性

纵惯性是指观察者可以对观察对象作较长时间的反复观察与跟踪观察，对观察对象的行为动态演变进行分析，避免表面化和片面化。

7. 普适性

普适性是指观察法适用范围较为普遍，不但自然科学研究与社会科学研究普遍适用，而且很多教育研究方法如调查法、实验法、访谈法等也与观察法有密切关系。

（二）观察法的优缺点

观察法既可作为一种独立的研究方法，也可作为其他研究方法的辅助手段。但是，它的作用是任何别的方法都不能替代的。只要我们认识到观察法的优点和缺点，在研究实践中扬长避短，就能充分发挥它的作用。

1. 观察法的优点

观察法的优点主要表现在以下五个方面：第一，在自然状态下即时进行观察，生动、具体、直观，可获得第一手资料。相对来说，所得资料比较客观。第二，可收集到非言语行为的数据和资料，便于对行为进行研究，特别适合于对学前儿童的研究。第三，可对观察对象作较长时间的跟踪研究，能获取行为或现象发展变化趋势的有关资料。第四，观察资料从观察对象的常态行为中获得，可以排除观察对象的主观反应偏差，具有较好的生态效应。第五，操作简单，易于实施。

2. 观察法的缺点

观察法也有缺点，主要表现在以下四个方面：第一，由于多在自然状态下进行观察，不允许改变观察对象的各种条件，对可能影响观察的外部因素难以控制，并且难以完全重复观察和检验观察结果。第二，观察的主观性较强，既受到观察者生理感知能力方面的限制，也受到其认识能力方面的限制，往往只能得到表面的、感性的材料，难以深入事物的本质和观察对象的心理，难以确定因果关系。第三，受时间、地点、人力、经费等条件限制，不可能进行大范围、大场面的观察，样本较少。第四，观察通常是靠观察者的感觉进行判断、测定，所得资料往往难以用系统方式进行编码和分类，定量困难。

四、观察法在学前教育研究中的适用范围

在教育研究中，观察法是了解自然行为反应的一种方法，借此可以观察各种行为反应与表现。观察法尤其适用于对学前儿童行为反应与表现的研究，在学前教育研究中具有重要的价值和作用，其原因主要表现在四个方面：

首先，观察法是最尊重学前儿童的，不需要学前儿童做出超越其自身的反应。学前儿童因其年龄特征和身心发展水平，思维以自我为中心，语言表达能力有限，理解能力和反应能力较弱。这些特点决定了学前儿童自主性相对较弱，具有从众心理，很容易受成人指导语的暗示。因此，很多适合成人的研究方法很难运用于学前儿童身上，而观察法较之访谈、测试和实验等方法，研究者更容易控制研究变量。

其次，学前儿童一般不会像成人一样把研究看成严肃的事情，他们的行为随意性比较强，注意力持续时间较短，自控力差，在接受研究时很难认真地有意识地做出反应。观察法可以避免由此造成的研究结果不稳定不可靠的缺陷。

再次，观察法是直接了解并客观记录学前儿童行为的，所得到的资料较少受研究者主观因素的影响，而且幼儿不容易受观察者在场的干扰，不会刻意掩饰自己的行为，因而观察结果更真实自然。研究者通过观察法可以客观地了解学前儿童在自然情景下真实的行为表现，尤其在社会情感领域内，观察法更为适用。

最后，观察法不仅可以考察行为结果，还可以了解行为的过程。学前儿童正处于身心的发展变化之中，研究者可以通过观察来捕捉学前儿童发展的各个方面，考察学前儿童与周围环境、事物相互作用的过程，注重学前儿童的个体差异，对学前儿童的行为作出正确的判断和评价。

观察法在儿童研究中具有悠久的历史和良好的传统，很多著名的教育家、心理学家比如裴斯泰洛齐、蒙台梭利、皮亚杰、苏霍姆林斯基、陈鹤琴等都曾用观察法研究过儿童，不但成果丰富，而且为后人积累了大量的运用观察法的经验。在学前教育研究领域中，观察法的运用范围十分广泛，适合各个方面的课题。

研究者可以通过观察详细地考察学前儿童的身体发育和动作发展、语言发展、认知发展和社会性发展的各个方面，通过对学前儿童日常生活、游戏、与成人或同伴交往等各种活动的观察深入地理解他们的语言和非言语行为、情绪反应，发现他们的兴趣、动机、性格以及学前儿童在群体中不同的社会身份等，对学前儿童的行为和心理特点作出正确的评价判断，考察检验结果，有的放矢地提出教育方案。

研究者还可以通过观察教师教学行为来进行课堂行为的管理、教育效果的评价、环境评价、教学方法的比较、对学前儿童特殊需要的诊断，进一步提出有效的解决

问题的措施。

此外，从某种角度来说，实验就是在严格控制的条件下进行观察。学前教育很多重要理论的创设、研究假设，都是研究者通过对教育现象和学前儿童行为的观察提出或确立的。因此，观察法还可以为学前教育实验研究掌握第一手资料，提出假设并作事实和经验上的准备，形成见解、建立理论或进一步实验研究奠定必要的基础。

第二节　观察法的基本步骤

一、观察法的实施步骤

（一）观察准备

1. 制订严密的观察计划

研究者要在明确观察的目的和任务的基础上，制订严密的观察计划，即明确观察活动的内容、观察方式、观察设备、记录手段、人力、经费、对象及其范围和数量、时间、顺序、进程、设计表格等，预先作好充分的安排和准备。观察时要严格按照计划进行，以提高观察的效率和质量，增强所得资料的准确性和可靠性。

观察者在制订观察计划时，应考虑观察的角度问题。对同一行为，可以从多个角度、多种侧面收集信息，这样才能获得观察对象某个行为全面、真实的资料。此外，对同一行为应充分考虑观察的次数或时间，以保证观察结论的可靠性。在某情景中一次性观察到的行为，可能是偶然出现的，并不是代表幼儿的某种行为类型的典型行为。因此，要想得出一个相对稳定、准确的结论，须在该行为可能发生的情景中观察多次。至于究竟要观察多少次才算可靠，则要根据研究目的、需要、条件和各种可能性而定，没有准确统一的规定。

2. 对观察人员进行培训

当有多个观察人员时，应当对他们进行培训，使他们理解观察目的和重点，明确观察方式，熟悉观察设备和记录方法，用一定的标准进行观察和记录，减少观察的误差。最好在正式观察前做几次观察练习，这样可以发现有哪些方面准备不周。

3. 进入观察环境，培养良好的关系

正式观察前应安排观察预备期。当一个陌生的观察者走进幼儿园教室时常会发现，本来正忙着活动的幼儿会停止游戏，好奇地跑来围观、询问、与之交往，或探索来人手中的新奇东西等。所以一般而言，如果须在教室内直接观察幼儿，观察者最好事先安排一段时间的预备期，跟幼儿相互熟悉，参与活动，等幼儿对观察者的

陌生感消失之后，再开始正式观察。这种预备期的持续时间可视实际情况而定，一般约半天时间，或两次，每次1～2小时便可。与观察对象建立适当的关系，注意不要因观察者的介入而改变观察对象的正常活动。

具体准备步骤可以归纳为：确定观察的目的，确定观察的对象和范围，确定观察的具体内容，确定观察的操作方式，准备观察的辅助工具，制订观察计划。

（二）实施观察

在实施观察阶段应把握以下几个要点：

第一，观察要客观。在正式观察时，观察者应尽可能避免与学前儿童直接交流或参与活动。对学前儿童的表现不作赞同或否定的评价，不予鼓励或批评，目的在于不影响学前儿童的自然行为表现，尽可能观察到学前儿童的行为原型。

第二，应严格而灵活地执行计划。一般情况下，观察活动不脱离计划内容，也不超出原定范围。但是如果预定的观察计划在执行中确实不够妥善，或者观察对象有所变更，尤其是在观察中发现一些新奇而重要的现象时，则要及时修订原计划，以便更加符合研究的目的，取得最佳成果。

第三，选择最佳位置，保证全面观察。在不影响观察对象正常活动的前提下，研究者应处在最佳位置上，努力使所要观察的内容全部清晰地落在视野中，以便全面获得有关资料。在实际观察中，观察者要既抓住重点和中心，又不忽略那些偶然出现的，或是新奇的现象。

第四，在学前儿童较多时要分组，分工要明确，标准要统一。

第五，抓住重点，寻求本质原因。在观察中，呈现在我们面前的主要是自然发生的一些日常行为和现象，大多是很琐碎繁杂的，经常使人感到头绪很乱而不得要领。这就要求观察者善于辨别生活中常见现象里隐藏的重要信息，不被那些无关紧要的因素所纠缠。而且在整个观察过程中，要始终保持积极的思考和高度的注意，以揭示出特定行为和事件的本质原因。

（三）作观察记录

观察记录应具体、详细、准确、系统。按照观察目的，有时应预先准备记录表格，记住行为代号及其含义，以便迅速、准确地记录所观察到的内容；有时可用速记法、录音机或录像机等实录下全部过程，然后再根据需要详细整理与记录所需内容。有时在利用行为分类代号记录时，须同时记下一些伴随现象或行为背景。需要用语词描述时，应注意具体、客观，不加以主观释义，或将客观的描述和主观解释与评价分别标出。

另外，要注意记录语言的问题，观察者要将观察到的事实材料转变为文字语言，即记录语言，这是资料整理的基础。读者也是通过这样的语言了解当时情况的。因此，研究者在进行记录时一定要对自己使用的语言进行严格的推敲，尽量清楚地进行描述。一般来说，记录语言有以下基本要求：

第一，语言要具体、清晰。在对观察进行记录时要使用具体的语言，尽量少用抽象性的词汇，以易于理解。比如，我们要描述一所幼儿园，如果仅仅用一些抽象的语言，如“幼儿园有很多孩子，教师素质比较高……”，读者并不能根据这样的描述想象出这个幼儿园。但是，如果我们换用具体的语言，描述成“这个幼儿园有幼儿300人，70％的教师具有大学本科文凭……”，这样对于读者来说就很具体、很容易理解了。记录语言不但要具体，而且要清晰、实在。研究者在作记录的时候应该尽量使用平实、清晰的语言，选择中性的词汇，避免使用文学化的语言或民间俗语，重点在于清晰准确。

第二，对事物的命名要注意准确性。在对观察的事物或现象进行记录的过程中，应该对观察到的事物进行准确命名。命名过程中出现问题的原因有以下两方面：首先是观察者对看到的事物感到陌生，以前没有接触过，所以不知道该如何命名；其次是同样的事物对不同的人来说可能意义不同。总之，观察记录要及时、全面、详尽。可以制作各种记录表格，或利用照片和录音录像技术手段进行记录。好的观察记录具有准确真实、全面完整和系统周详等特点。

第三，观察记录形式因观察类型的不同而不同。一般参与式的观察采用无结构式记录，其余类型的观察多采用结构式记录。结构式记录要在观察前设计结构量表，在观察时依据表中事项随时记录。无结构式记录以文字叙述为主，故研究者在每次观察之后，为避免遗忘，宜迅速完成笔记，记录当天的观察结果，包括时间、地点、人物、事件、语言内容等基本要素。同时，要注明研究者对观察项目的主观印象和感受，以及分析性的想法和初步推论。

第四，观察到的客观事实和主观解释不能混淆。观察的客观性要求观察者避免掺杂个人的主观偏见，不能把个人的主观推测误认为是客观事实。若要增强观察的客观性，可用相机、录音笔、计时器等仪器设备记录，不能按照个人的模糊的记忆、推测、喜好、研究目标、领导指示而人为改变结果。如果没有相关仪器，可以采用两个以上的观察者同时做观察记录，然后重点采纳达成共识的记录，未达成共识的部分也可以参考。为避免观察者之间的主观差异，应该提前培训，统一观察标准。在观察结果的表达中可以分开表达哪个部分是观察到的客观事实，哪个部分是主观推断的部分。

详细的观察记录法请见本章第三节。

（四）整理、分析观察资料

在每一项观察告一段落后，首先应在对观察情境有比较清晰的印象和尚未完全遗忘的情况下，及时对所记录的资料进行整理、补充、修正和分析，以免日久天长无法看懂材料；其次，对初步整理的材料作进一步的考虑，如所需的资料是否都收集到了，是否都有效，是否还要继续观察等；再次，如果观察内容比较多，观察周期比较长，应及时地将资料分类归档，以便日后查找和进行分析；最后，整理记录资料时，需要对观察进行解释，对观察内容必须详细加以说明，以免过后遗忘。科学的观察，不仅要收集客观的事实资料，而且要对事实资料进行定量或定性的分析，得出正确的结论，最后形成观察报告。

（五）得出观察结果

观察一般是在日常生活、游戏、教育活动过程中，直接用自己的眼睛、耳朵等感觉器官去感知观察对象，所观察到的是外显的行为表现，如动作、表情、语言、行为方式等。对观察结果的分析就是透过这些外在表现，剖析学前儿童的心理状况，如发展水平、心理需要、存在的问题等，或者教育现状及问题等。如同医生透过外在症状诊断有无疾病、生的是什么病一样，观察法是对行为的性质作出一种判断。判断必须根据年龄特点和教育原则来进行，正确理解行为的性质，如果判断错了，就会开出错误的或无效的“教育处方”。要正确分析观察资料，根据观察记录，对行为的性质作出正确判断，得出结论，并对为什么出现这样的行为进行原因分析，例如，根据观察记录，我们不仅仅要对学前儿童的攻击性行为作出正确的判断，还要对学前儿童为什么会在某种情况下出现攻击性行为进行原因分析，这样才能得出正确而科学的结论。

对观察结果的分析，首先需要对观察结果进行归类，可以将材料按横向联系或纵向联系作一番梳理、汇总，进而加以分析，考察研究其行为、心理特点，比较各因素之间的关系。在此基础上，可以形成一定的观点、理论，对幼儿心理发展的规律及行为心理形成的原因加以解释、说明，进而得出有价值的结论。例如，对学前儿童语音发展作观察研究，就要对收集的大量观察资料加以归纳总结，从中寻求幼儿语言准备期语音的发展规律。

一般来说，对于幼儿的行为，可从学前儿童的生理生物因素、文化家庭背景、心理社会因素等方面进行分析。如学前儿童的基本情况，包括姓名、性别、年龄或出生年月、身体发展情况、生活习惯，以及语言、运动、感知觉和情绪等有关学前儿童在不同领域的发展情况的主要信息；家庭背景，包括父母的职业、文化或受教育程度，家庭中其他兄弟姊妹的情况，家庭所处的地理位置、所在社区环境等；幼儿园或教育机构的情况，包括学校所处的地理环境与社会环境、幼儿园内师生的构成情况等；学前儿童的活动模式，包括学前儿童一日生活的基本情况、如何安排一天时间、空闲时间从事的活动、学前儿童在幼儿园或教育机构的行为表现等。研究者要注意在不同的时间和不同情景下，观察学前儿童在不同活动中是如何表现的，比较他在室内与室外、校内与校外、家庭内与家庭外的情况的差异，以及学前儿童在小群体与大群体中，或是独自一人时的表现有什么不同，注意学前儿童在一周内不同时间以及一天内不同时间，如早上、中午、下午、晚上的情况怎样，等等。

（六）撰写报告

根据对观察资料的分析和研究，研究者要提出自己的认识，并加以理论概括，最后撰写成研究报告。

接下来我们分析一个观察案例。

对象：中二班　田田　2019 年 11 月 8 日

早晨，田田和妈妈来了。她哭着对妈妈说："妈妈，你要天天来接我回家睡觉。"妈妈说："不行，妈妈得上班挣钱呀。姥姥会来接你的。""不行，姥姥走不动了。"见妈妈转身走了，田田拉着我的手："老师，你抱抱我吧！我发烧了。"尽管忙，我还是把她搂在怀里，她的两只小手紧紧地抱着我，把头贴在我的胸前。过了一会儿，她的情绪慢慢稳定了，说："老师，放下我吧！我好了。"

分析：田田的父母离异了，妈妈工作忙没有时间照顾她，她跟着姥姥、姥爷一起生活。姥姥、姥爷年纪太大了，没有精力每天接送，就全托了。可以看出，当天田田未必是真的发烧，只是长期的亲子关系的缺失使孩子处在情感饥荒状态中，她在寻求成人的爱和关怀。

措施：教师应该尽可能地体谅、理解孩子，给予孩子亲情的关爱，帮助她度过亲子情感的"饥荒"。

从以上案例可以看出，教师抓住了观察法的三个基本环节。首先，从现场观察来看，教师抓住田田的分离焦虑，进行深入的观察。其次，从记录观察结果来看，通过母女之间对话的记录，对田田的神态、心情、语言的描写，以及与田田直接接触的追忆，使观察记录较好地保留了行为事件的本来顺序和真实面貌，客观、翔实，为进一步提示这个单亲家庭分离焦虑的原因提供了线索，也为问题的解决找到了切入点。再次，从分析、利用观察资料来看，透过"来园时哭闹"这个表面现象，看到了家庭变故给孩子心灵造成的创伤。教师并不费心地去琢磨"我发烧了"是真是假，而是首先给予孩子情感上的安抚，并由此而确定了"帮助田田度过情感饥荒"

的教育策略。制订教育工作计划应基于理解，也就是“理解先于教育”。理解是正确教育的前提。理解不仅仅是指教师了解幼儿的日常表现以及比较外露的情感愿望，更重要的是理解的过程，即了解发展的顺序、认识发展的趋势、掌握学前儿童的个性特点。

二、观察中特殊问题的处理

（一）观察的反作用

观察者或仪器的出现，会使观察对象受到观察活动本身的影响，改变往常的习惯性行为模式，表现出非正常反应。

1. 主要表现

学前儿童因新异刺激的出现可能会表现出过于兴奋或过于抑制的情况。例如，学前儿童可能出现抢答问题、故意大声说话等过于兴奋的异常表现，或出现拘谨、害羞等过于抑制的异常表现。另外，家长或教师可能会出现反应偏好，如家长过度迎合或有意回避。

2. 减少或消除观察的反作用的方法

（1）提前引入观察者。观察者可提前进入观察情景中。观察者应安静地坐着，尽量不引起注意，因为如果与学前儿童互动，他们的行为就会受到影响。例如，要让学前儿童不与观察者说话，一个有用的方法就是避免与他们目光接触。

（2）隐蔽观察。隐蔽观察就是将观察者或仪器隐藏起来，不要让观察对象发现，如使用单向玻璃。但隐蔽观察的条件不易达到，且应防止伦理道德问题。

（3）参与观察。参与观察来源于西方，广泛用于社会学和人类学的研究。例如，研究儿童的“好动行为”，研究者可与学前儿童一起活动，亲身感受。这种方法的优点是双方无心理距离，不会改变观察的自然状态和观察对象的习惯行为，可获得其他方法得不到的材料。缺点是可能使观察者陷入大量的琐事中，以致不能对观察内容进行有重点的选择。有时候，观察者甚至会陷入情绪纠纷中，把自己完全混同于其中的一员，忘记或无法进行客观而冷静的研究，所以应有限参与。

（二）观察者的偏见

1. 主要表现

观察者的偏见主要表现为观察者可能出现角色期待。在观察中，观察者可能对活动主体预先有主观期待、定势效应，且预先为某些人分配角色。例如，观察学前儿童的“攻击性行为”，研究者可能会认为男女有别，从而会因角色偏见而多注意男孩，忽略女孩。观察者本人的喜好也会影响客观观察。例如，因为喜欢某些学前儿童而更多地关注他们，等等。

2. 减少或消除观察者的偏见的方法

做好观察前的培训工作是减少或消除观察者偏见的最有效的方法。通过对观察者的事先培训，让他们预先知道可能产生的主观偏见，以便对其保持一定程度的警觉。可以进行多人、多次反复观察，对同一行为应观察足够的次数和时间，以提高信度。因为观察次数越多，信度越高。需要注意的是，虽然信度随观察时间的延长而提高，但最佳信度发生在10～20分钟，20分钟以上时信度会趋于稳定。所以，最佳次数与时间长度的组合为5次、30分钟。

（三）注意观察的信度

观察的信度是表示观察结果的稳定性与可靠性的指标，指的是不同观察者之间对同一情景观察结果的一致性，以及同一观察者在同一情景中对观察对象观察过程的一致性。观察信度的计算方法和步骤如下：每个观察者计算出每类行为出现的次数；计算出观察者之间对每类行为记录相同的次数；用记录相同的次数除以观察者观察记录的行为总次数；最后将结果乘以观察者的人数。

例如，奥尔森对儿童的某种心理行为问题——神经嗜癖症进行观察研究，其信度检验如表5-1所示。

表5-1　神经嗜癖症观察记录

行为序号	类别	观察者1	观察者2	相同数
1	咬指甲	5	4	4
2	将拇指放在口中	16	11	11
3	挖鼻子	1	3	1
	总计	22	18	16

观察时间内行为出现的总次数为观察者1的总次数22和观察者2的总次数18之和40，记录相同的次数为16。

$$观察信度=[16/(22+18)]\times 2=0.8$$

一般认为，信度系数最小为0，表示完全不一致；最大为1.0，表示完全一致。当观察信度即相关系数≥0.8时，可认为观察可靠，即观察记录的资料是有效的。影响观察信度的重要因素是观察中是否具有精确的操作定义，即对所要观察的具体行为的详细规定，以及是否运用统一的记录体系。操作定义越明确详尽，观察过程中渗入的主观因素就越少，观察者便越能将注意力持续集中在同一具体目标上，故观察的结果就越趋向一致。加上运用同样的记录标准与方法，观察结果的可靠性与一致性便可能达到较高的程度。当有多个观察者同时观察同一情景时，正式观察前的训练是很重要的。训练时，要确保不同的观察者在同一时刻看到的是同一行为，此时才可计算观察信度。否则，各个观察者可能并非在同一时刻观察某行为，对结果也就不能估计信度。常用的训练方法是时间取样法，即严格规定某观察时段的起止时间，使大家对某一幼儿某种活动的观察同时开始、同时结束，经过一段时间的共同练习，如一致性程度较高，便可由各个观察者分别进行正式观察。

第三节　观察法的运用

一、叙述观察法

叙述观察法也称描述观察法，它是指随着行为或事件的发生，自然地将它再现出来，观察者详细地作观察记录，然后对观察的资料加以分类，进行分析研究。该方法多用于质的研究中。一般而言，叙述观察保持了行为事件的真实面貌，资料翔实，可以多次检查记录，适用于收集个人的资料信息。但此法耗时耗力，只适用于小样本。常见的叙述观察法有日记描述法、轶事记录法和实况详录法。

（一）日记描述法

1. 日记描述法的含义

日记描述法是最早研究儿童行为的主要方法，又称“婴儿传记法”，即研究者对同一个或同一组儿童长期跟踪进行反复观察，以日记的形式描述性地记录儿童的行为表现。

日记一般可分为两种类型：综合性日记，常常用来记录学前儿童各方面发展过程中具有里程碑意义的新动作或行为现象；主题日记，主要记录学前儿童语言、认知、社会情绪等特定方面的新进展。

在早期的自然观察中，很多教育家、心理学家都曾用日记描述法对学前儿童的发展进行过研究。最早的是 1774 年裴斯泰洛齐用此法跟踪观察其子三年，写了《一个父亲的日记》。达尔文写了《一个婴儿的传略》，记述了他儿子的行为和发展过程，引发了人们对学前儿童身心发展进行观察研究的兴趣。之后，幼儿心理学的创始人普莱尔对他的孩子从出生至 3 岁连续记录三年，并将每日观察记录的结果加以整理，于 1882 年写成了著名的《儿童心理》一书。现代儿童心理学家皮亚杰也曾用日记描述法描述自己孩子的认知发展过程，写了《儿童心理学》。我国最早采用日记描述法进行观察研究的是著名幼儿教育家陈鹤琴，他从他的第一个孩子出生之日起，就逐日对其身心发展变化以及对各种刺激的反应进行观察，写了详细的观察日记并拍了几百张照片，持续 808 天。在大量原始资料的基础上，1925 年他写成了《儿童心理之研究》一书，开创了中国儿童心理研究的先河。

2. 日记描述法运用实例

以下是一个研究者采用日记描述法对学前儿童社会性发展进行研究的片段。

2018 年 12 月 6 日，小布，男，3 岁 4 个月

观察领域：社会性发展

今天，在积木区，小布发起了一个游戏活动，并与小利（一个 3 岁的小女孩）一起玩。这对小布来说很不平常。入幼儿园 3 个月来，他都很害怕与同伴交往，宁愿躲在一边。他比班里其他男孩看起来小多了，而他的同伴也怀疑自己高大的身材吓着了他，但我们从未见到过其他男孩欺负他的现象。小布有一个比他高大的哥哥，也许哥哥在家曾经欺负过他，使他面对比较高大和强壮的孩子时会感到害怕和害羞。我们之后可能需要向家长核实这一点。

老师也目睹了小布与小利在一起游戏的行为。老师指出他们在一起玩非常好，为小布的这一举动感到很高兴，小布对老师的反应作出了积极的反馈，他微笑着，似乎更加努力地增加了与小利的交往，他们一起摆弄积木。两个孩子在一起玩了大约 7 分钟，这时班上一个长得比较高大的男孩小强走过来，想要与他们一起玩。小布就立刻离开了积木区，坐在一张阅读桌旁边看书，在上午余下的时间里，小布都没有与其他任何儿童交往过。

（12 月 13 日）小布的社会性行为似乎有实质性的突破。自 12 月 6 日以来，教师和我都观察到，小布至少可以与一些儿童一起玩了，我们认为这隐约表明了小布的某种愿望。今天上午 10 点，小布“战战兢兢”地问一个比自己高不了多少的男孩，可不可以和他一起玩沙箱游戏，经同意后两个男孩一起很友好地玩起了大卡车，并在他们用积木搭建的“公路”上行驶大卡车。他们一起玩了大约 9 分钟，到吃点心的时候才结束。

必须注意的是，小布在玩游戏时显得不够自信。大部分时间是另一个男孩在发号施令或者指出发生了什么，如谁来“驾驶”大卡车，“公路”要伸向沙箱的什么位置等，而且小布对其他儿童的领导角色没有表现出特别的焦虑和恐惧。我们对小布的行为还需要作进一步的观察，以明确他是否会尝试更加坚定地表达自己的愿望或目标。

3. 日记描述法的优缺点

日记描述法既是最古老的学前儿童研究方法，也是现代研究学前儿童及其教育的重要工具，是当前个案研究的主要手段。日记描述法记录简便，能记录详细而长

期的资料，以后能反复利用，并可与常模对照。通过长时期的日记描述，能了解学前儿童发展的确切顺序和行为的连续性，并且这种描述是在学前儿童的真实生活环境中进行的，如能客观地记录，资料一般较真实可靠。

日记描述法也存在一定的局限。它往往用于对个别（或少数）对象的日常观察，只能说明少数儿童的特点与情况，研究对象缺乏代表性，观察易带有主观倾向性。观察的案例有限，难以概括出普遍规律。该方法要求观察者与观察对象之间具有较为密切的关系，能经常与儿童接触，如观察者常为儿童的父母或其他家庭成员。但由于亲子关系或亲属关系在情感上的特殊联系，这些观察者又往往在观察记录中加入比较浓厚的感情色彩或主观偏向，致使记录的结果可能并不客观、不可靠。此外，运用日记描述法需长时间持续记录，要耗费大量的时间与精力，要求观察记录者长期进行，持之以恒，比较费时费力，很多人无法做到这一点。

（二）轶事记录法

1. 轶事记录法的含义

轶事记录法是教师常用的一种方法。它着重记录观察者认为有价值、有意义的任何可表现儿童个性或某方面发展的行为情景，这些行为都应是观察者本人直接观察到的，而不是听来的。它与日记描述法有所不同，不限于仅观察与记录儿童显著的新行为或言语反应。轶事记录也可以是没有主题的，例如，记录一段时间里发生的事情。观察者也可以运用轶事记录法观察记录某个特定儿童，积累有关他的一些典型事例或异常行为事件的资料，留待以后进行分析研究。

2. 轶事记录法运用实例

以下是轶事记录法运用实例。

观察对象：晨晨，5 岁

观察时间地点：表演活动区，16:30

下午的区角活动时间，晨晨和几名幼儿在表演活动区玩王子和公主的游戏。

晨晨说："茜茜的照片在我们家，我的女朋友是苗苗，老婆是佳佳。"

我说老婆、女朋友只能是同一个人。

晨晨说："那就佳佳吧，苗苗不好看，我长大后用一枚戒指、九十九朵玫瑰娶佳佳。"

旁边一个胖胖的小男孩说："我也喜欢佳佳。"

晨晨说："你这么胖还喜欢人家？"

小男孩说："你这么丑还喜欢人家……"

3. 轶事记录法的优缺点

轶事记录法的运用简单方便，它不受任何条件的限制，不需专门的编码，或进行分类、制表等，没有特别的技术上的要求，只需在发现值得记录的行为、轶事时随时记录下来。应尽量做到及时、准确、具体、客观、正确、完整、有序地记录。尽量在事件或行为刚刚发生时便及时记录，要把中心人物的行动、言谈、在场的其他儿童的活动，即背景、情景等均记录下来。要用准确的词语记录，如实反映情况，不要加入主观释义，或将主观判断和解释与客观的描述明显地加以区分或注明。它与日记描述法不同，不受时间地点的限制，不要求连续系统地记录，只需要记下自认为感兴趣的和有价值的内容即可，是诸多描述观察法中最容易、最简便的一种。

轶事记录法看起来简单，但要真正做到记录有价值的、能确切说明问题的资料却并非易事。观察者在决定应记录的轶事时可能带有各种主观偏见，如自己是否喜欢某种特性，以及对相应年龄儿童正常发展的了解与理解。记录时也往往会受这些主观意识的影响，或受记忆误差的影响，从而影响所记事实的客观性。此外，记录者所用的描述词汇也常会引起读者的误解。

（三）实况详录法

1. 实况详录法的含义

实况详录法是指客观、详细、连续、完整地记录观察对象在自然状态下所发生的行为，然后对所收集到的原始资料进行分析、研究的方法。也就是说，研究者对有关现象从头到尾进行全面观察，同时作叙述式记录，即“行为流水账”。观察者不能将描述与解释、评价混为一谈，而应先忠实地作观察记录，客观地描述事实；记录过程结束后，再对描述的事实进行解释和评价。

2. 实况详录法运用实例

下面是幼儿行为实况详录的经典案例节选[①]。

观察对象：小芳（4 岁）

观察地点：幼儿园教室

观察时间：上午 9:24—9:30

活动内容：自由游戏

幼儿行为：

9:24—9:29

小芳慢慢地走到图书角，清清、小强和斌斌已经坐在那儿看书了。她坐下来，

① 郑健成．学前教育研究基础［M］．北京：北京师范大学出版社，2014：97－98.

但没有和任何人说话。斌斌对小芳的到来立刻作出了反应，说："嗨！小芳，来和我一块儿读书吗？"小芳说："我不会读。"斌斌说："我们先看看画吧！"小芳慢吞吞地表示同意："好吧。"斌斌高高兴兴地走过去取书。小芳没有跟清清和小强打招呼，清清和小强也没对小芳说什么。

9:29—9:30

斌斌拿了一本书回来，想靠近小芳坐下，但小芳却往边上移了移，使他们之间保持了一段距离。清清问："你们两个在干什么呀？"斌斌回答说："不用管，我们忙着呢！"小芳却一语不发，站起身来慢慢地走向积木。

看起来，小芳是个胆怯、羞涩、有些畏缩的孩子。她没有积极地回应斌斌的招呼，她回避斌斌的靠近，似乎拒绝别人身体与心理上的接近。小芳易分散注意力，不能集中目标进行社会交往，因为在斌斌邀请她一块儿看书时，她却东张西望、心不在焉。但她的行为并没有表现出对斌斌的敌意，或任何不喜欢的迹象。根据观察可以推测小芳缺乏丰富的情感，对于与别人的交往不太感兴趣。

3. 实况详录法的优缺点

实况详录法能较完善、全面地保留有关信息，包括学前儿童或教师详尽的行为信息和行为发生的背景信息，可供反复地观察和分析使用，适合进行全面考察和研究。但是这种方法耗时较多，不经济，常常会出现材料多而有价值的少的情况。

二、取样观察法

取样观察法是指以一种行为或现象为样本进行观察，它是一种比较严格、系统的观察方法，它对行为或现象样本进行有控制的、系统的观察。因此，观察者在观察前要做大量的准备工作。取样观察较节省时间，所得资料数量大、便于统计，针对性强，成本低，推广度高。但资料不够完整细致。常见的取样观察法有时间取样观察法和事件取样观察法。

（一）时间取样观察法

1. 时间取样观察法的含义

时间取样观察法是指在指定的时间段里记录某种特定行为或事件出现与否、出现的频率和时长等。例如，观察某位幼儿教师的提问行为时，每周选取一天，每天选取该名教师的一节课，每节课选取 10 分钟，连续观察四周。观察仅限于选取的 10 分钟内教师的提问行为，其余时间和其余事件一概不予观察。

采用时间取样观察法易于观察到具有代表性、普遍发生的行为，借以了解行为的发生频率和趋势。从理论上可以认为，如果取充分多的时段，在这些时段中所观察到的行为便可以代表研究对象的一般行为，即有代表性的行为。运用时间取样观察法需要预先规定所要观察行为的详细操作定义，以及系统的行为记录表格。研究者必须熟记操作定义和行为分类标准，以及各种行为的代号，以便迅速有效地对观察到的行为进行判断和记录。

2. 时间取样观察法运用实例

时间取样观察法最著名的早期应用者帕顿（M. B. Parten），于 1926 年 10 月至 1927 年 6 月开展了一项观察研究，研究学前儿童在游戏中的社会参与状况。帕顿设计了六种反映儿童参与社会性集体活动水平的预定类型来指导观察（见表 5－2），并对每一类型赋以详尽的操作定义（见表 5－3）①。

表 5－2　学前儿童参与社会性集体活动观察记录表

时间	儿童代号	活动类型					
		无所事事	旁观	单独游戏	平行游戏	联合游戏	合作游戏

表 5－3　学前儿童参与社会性集体活动类型操作定义

活动类型	操作定义
无所事事	幼儿未参与任何游戏活动或社会交往，只是随意观望任何可能引起兴趣的情景。如没有可观望的，便玩弄自己的身体，走来走去，跟随老师，或站在一边四处张望
旁观	幼儿基本上是观看别的孩子游戏。可能与那些孩子说几句话、问个问题，或提供某种建议，但不参与其游戏。始终站在离那些孩子较近的地方，故可听见他们说话，了解他们玩的情况。与无所事事幼儿的区别是，旁观幼儿对某一组（或几组）同伴的活动有固定的兴趣，不像前者对所有的组均无特别兴趣，一直处于游离状态
单独游戏	幼儿独自游戏，虽在近处有其他幼儿在用不同玩具游戏，但幼儿不作任何努力设法接近他人或与别人说话，只专注于自己的活动，不受别人的影响
平行游戏	尽管有别的幼儿在旁边用同样的玩具游戏，幼儿仍独自玩，不想影响别人，也不受别人影响。因而，他们只是在旁边各自玩而不是一起玩
联合游戏	幼儿与其他孩子一起玩，分享玩具与设备，相互追随，有控制别人的企图，但并不强烈。幼儿们从事相似的活动，但无组织与分工，每个人都做自己想做的事，而不把兴趣首先放在小组活动上
合作游戏	幼儿在为某种目的而组织起来的小组里游戏，如用某种材料编制东西、竞赛、玩游戏等。具有“我们”的概念，知道谁属于哪个组。有 1～2 个领头者左右着小组活动的方向，故要求角色分工并相互帮助，支持这种分工角色的执行

帕顿在规定的游戏时间内，每次对每个儿童观察 1 分钟，根据操作定义，判断每个儿童当时从事何类活动，并记入表中。通过对观察资料的分析，发现儿童的社

① 张宝臣，李兰芳．学前教育科学研究方法［M］. 2 版．上海：复旦大学出版社，2012：63.

会性行为发展随着年龄的增长表现出顺序性，如儿童年龄较小时多进行单独游戏，然后渐渐地发展到平行游戏，再发展到联合游戏和合作游戏。

3. 时间取样观察法的优缺点

时间取样观察法要求观察前先做大量的计划工作（确定操作定义、决定时间间隔、规定记录系统等），故克服了传统观察方法的不可控制性，在一定程度上可摆脱观察者的主观选择性和主观判断性，使观察到的行为具有客观性和代表性。这一方法还可使观察过程本身与资料分析过程简化，可收集到关于行为频率的资料，提供定量结果，往往对检验假设有一定的价值。这些优点使得观察法在科学化的进程中大大前进了一步，是目前常用的比较先进的观察研究方法，尤其在对学前儿童行为的研究中用得较多。

然而，时间取样观察法也存在着局限。首先，它仅适用于研究经常发生的行为，如学前儿童的依赖性行为、师生交往活动、对教师指令的注意等。一般来说，对在15分钟内不易出现的行为不适用此法，如同情心、成功与失败等。其次，它仅适用于观察外显的行为，不适用于观察内在行为，如思维、想象等。此外，用这一方法所得的材料往往只能说明行为的某种特性（如频率），而难以得到关于环境、背景的资料，难以考察行为的相互关系和连续性，故很难揭示因果关系。

（二）事件取样观察法

1. 事件取样观察法的含义

事件取样观察法是以特定事件为观察样本，不限定观察时间的观察方式。事件取样观察法注重观察某些特定行为或事件的完整过程。观察前应选择与规定所要观察行为或事件的类型，如争吵、相互交往、依赖老师、友好行为等，观察时须等候所选行为或事件发生，再作完整记录。研究者可在任何一天的任意一节课到教室观察，直到观察事件发生为止，然后记录完整的事件过程。事件取样可以观察到较少发生的事件。与时间取样观察法不同的是，事件取样观察法不受时间间隔与时段规定的限制，只要事件一出现，便可记录，且可随事件的发展持续记录。

2. 事件取样观察法运用实例

美国研究者达维（H. C. Dawe）为我们提供了事件取样观察法的著名实例。该研究选择保育学校中学前儿童的争执行为事件为观察样本，在学前儿童自由游戏时间内观察自发的争执事件，进行描述与记录。时间自1931年10月19日至1932年2月9日；观察对象为40名2～5岁的学前儿童，其中女孩19人，男孩21人。

观察过程是：等待争执事件发生，一发生便开始用秒表计时，并观察与记录事件的进行情况。观察记录表的主要内容包括以下八点：

（1）争执者的姓名、年龄、性别；

（2）争执持续的时间；

（3）争执发生的背景（起因）；

（4）争执什么（玩具、领导权等）；

（5）争执者所扮演的角色（侵犯者、报复者、反抗者、被动接受者）；

（6）争执时的特殊言语或动作；

（7）结局如何（被迫让步、自愿让步、和解、由其他儿童干预解决、由教师干预解决等）；

（8）后果与影响（高兴、愤恨、不满等）。

研究者事先制定观察记录表（见表 5－4），以便迅速、完整地记录事件情况。

表 5－4　幼儿争执事件观察记录表

姓名	年龄	性别	争执持续时间	发生背景（起因）	行为性质（角色）	做什么，说什么	结果	影响

经过三个多月、58 小时的观察，共记录了争执事件 200 例。观察结果是：200 例争执事件中，68 例发生于室外，132 例发生于室内；平均每小时发生争执事件 3～4 次；争执时间持续 1 分钟以上的只有 13 例；平均争执持续时间不到 24 秒；室内争执持续时间比室外争执持续时间短；男孩争执多于女孩，攻击性水平也高于女孩；争执常发生在不同年龄组、相同性别的儿童之间；随年龄增长，争执事件减少，侵犯性质增强；几乎所有的争执都伴有动作，如冲击、推拉等，争执中，偶尔有大声喊叫或哭泣，但无声争执占大多数；导致争执发生的原因往往是对占有物品的不同意见；大多数争执自行平息，往往是年幼儿童被迫服从年长儿童或年长儿童自愿退出争执；争执平息后恢复常态很快，无耿耿于怀、愤恨的现象。

3. 事件取样观察法的优缺点

事件取样观察法具有时间取样观察法的某些优点，它是在自然情境中进行的观察，比时间取样观察法的研究范围更广泛，可运用于对比较广泛的行为事件的观察。它既可获取有代表性的行为样本，又可观察行为事件的全过程，还可得到与行为事件有关的背景材料，有助于分析行为事件的因果关系。另外，研究者根据预先制定好的行为事件编码进行记录，目标明确，资料集中，整体化程度较高，可在一定程度上保持行为的连续性与完整性。

事件取样观察法的主要局限在于可能缺乏测量的稳定性。由于不论何时，只要行为事件发生便记录，故这些观察到的现象可能在不同情景下具有异质性。学前儿童在不同的时间、场合发生的同类行为，有时具有不同的含义。因此，在运用事件取样观察法时应注意记录与分析事件发生的情景或背景。

三、观察评定法

观察评定法也叫评价观察法。它要求研究者在观察的基础上，对行为或事件作出判断，对被观察的行为进行更高控制，一般用于量的研究中，易于设计，对观察者的要求较低。常见的观察评定法包括行为核对表法和等级评定量表法。

（一）行为核对表法

1. 行为核对表法的含义

行为核对表是指简单的行为项目表，亦称查核清单，主要用来核对重要行为是否出现和出现的时间。观察者要先将自己要观察的项目列出，制定一个观察的表格，然后再进行观察。在表格中要将这些项目按任务的难易程度排序。观察者只需对照表上列出的项目，将观察对象的真实反应记录在案即可。在时间取样观察法与事件取样观察法中，都可以运用行为核对表观察记录特定行为的出现。

2. 运用行为核对表法的步骤

运用行为核对表法进行观察研究，一般要遵循以下三个步骤：

（1）列出主要项目。

研究者首先需要确定所研究的问题包括哪些内容、有哪些方面的表现。例如，要研究 5 岁幼儿关于数概念的知识技能，先要确定需要观察的有关幼儿数学技能的主要项目。例如：

- 能从 1 数到 10。
- 能一一对应数 10 个物体。
- 知道数的相对性（如“大于”“小于”“长于”“短于”等）。
- 理解“多于”“少于”。

（2）根据主要项目列出具体项目。

列出各项目或各类行为的详尽表现，将各方面观察内容或主要项目具体化。例如，关于幼儿对几何形体的认识，可具体化为：当教师说出几何形体名称时，儿童能正确指出。可依次将各项目具体化为以下任务。

任务	正	误
能根据名称指出相应的图形：圆形	__	__
能根据名称指出相应的图形：三角形	__	__
能根据名称指出相应的图形：正方形	__	__
能根据名称指出相应的图形：长方形	__	__

（3）按一定逻辑顺序排列项目，编制观察表。

将所要观察的内容或项目按照一定的逻辑顺序加以排列，使之规范化。例如，可以按难易程度排列，或是按字母顺序排列。例如，对于学前儿童数学技能的观察，可按难易顺序排列项目并制表。

行为核对表法还可以结合图示作记录。例如，要记录学前儿童对室内各项游戏的兴趣与选择情况，可以预先绘制好室内游戏区设置平面图，在游戏时间内每隔 10 分钟将学前儿童从事何种游戏记入平面图。

3. 行为核对表法的优缺点

行为核对表法的优点是使用方便，能迅速有效地记录所需观察的内容并检验某一新的行为出现与否，提供诊断性信息，以便进一步采取适宜的教育措施。例如，关于学前儿童数学技能的行为核对表，有助于教师了解学前儿童数学能力的发展、各行为出现的顺序及时间间隔等。

行为核对表法的缺点在于只记录行为的发生与否和时间，而不能提供有关行为事件性质的资料。例如，可显示儿童参加活动的行为的出现及其时间等，但仅提供相对简单的资料，对于学前儿童是如何参与活动的等情况均无法作出说明。

（二）等级评定量表法

1. 等级评定量表法的含义

等级评定量表法通过预先设计的量表判断重要事件或事件的程度差异，从而评定等级，量化观察信息。等级评定量表法是一种简单的观察测量法，能够将观察所得信息数量化。等级评定量表法与现场直接记录法不同，它往往是在事后依赖记忆作出评定，是对行为事件作出评估，而不是描述。

等级评定量表法与行为核对表法的不同在于，前者是对行为事件如何呈现及在程度上的差别作出判断，确定等级，即将观察所得信息数量化；而后者是对行为呈现与否进行判断核查。等级评定量表法可以用于测量其他方式所不及的行为特征。例如，社会态度、性格、内倾或外倾行为特征等。

2. 等级评定量表的类型

（1）数字量表。

数字量表是指将行为类型以数字（一定顺序的数字）形式确定下来的等级评定量表。观察者可选择最适宜的数字来说明被评定的行为。例如，测量在集体活动情景下学前儿童参与活动与集中注意力的情况，可运用以下 5 点量表：

1 分：公开破坏活动或离开集体。

2 分：不注意，但无公开破坏活动。

3 分：跟着老师看。

4 分：视线跟随着老师，并伴有面部表情。

5 分：视线跟随着老师，并伴有相应的语言与动作。

这 5 个数字所代表的行为自消极而至积极，表示儿童参与活动的程度逐步提高。

（2）图示量表。

图示量表是指在一条直线上标上刻度，提供有关行为状况的线索，评定者沿着这个直观的尺度，从高到低迅速而简便地作出判断。这种量表不是用数字作评估，它的使用比较广泛。图示量表中的一种常用类型，是反义词图示量表。量表的两端是相反意义的形容词或描述词语，中间是代表其程度的数字单位，通常有 5 个单位或 7 个单位。

（3）标准评定量表。

标准评定量表是指将观察对象的行为与总体作比较，以标准分数或百分位数等相对分数加以评价判断。如教师对某一学前儿童发展作评价时，可依其日常观察了解，与班级总体作对照，进行程度上的判断。

（4）累计评定量表。

累计评定量表由一系列评定项目组成，每个项目作为全部特征的一部分独立表现。评定者分别对各个项目作出判断，最后以各项得分的和或平均数作为总得分。

（5）强迫选择量表。

强迫选择量表是指给出一系列描述性短语，可以是积极肯定的，或是肯定加否定的行为项目，评定者必须从中选出一个最符合被评定者的描述。这种评定法也称作人物推定法。教师可以用强迫选择量表评定学前儿童在课堂上的行为。例如：

● 这个孩子在集体中的表现是：

集中注意力，听从教师指导

招惹别的孩子

安静地旁观别人的活动

要求带头做每件事

3. 等级评定量表法的优缺点

等级评定量表法的优点是量表比较容易编制和使用，与现场观察记录相比，可在较短的时间内迅速作出判断，易于进行定量分析。此方法可以研究测量的行为比较广泛，常用于测量其他方法所难以测量的行为或特征。

但等级评定量表法的局限也是显而易见的。它是依靠评定者个人作出判断，而非实际行为的客观记录，因而主观性较强，容易带有个人偏见。此外，等级评定量表所用术语较模糊，易造成因评定者对术语理解的不一致而出现评定等级的偏差，且不能说明行为的原因。

4. 运用等级评定量表法应注意的问题

第一，注意避免成见效应。运用等级评定量表法容易带主观偏见，克服的办法是要求在实地观察的基础上作出评定。

第二，进行必要的重复评定。可以在规定的期限内，在不同时间作多次观察评定，最后求出平均值；或由多个评定者作判断进而计算平均值。

第三，对评定等级尽可能拟定具体标准，如对表示评定等级的数字或词语应附有意义说明，降低术语的模糊性。可参考幼儿社会性情绪观察评定量表（见表 5-5）①。

第四，研究者应重视量表的设计和编制，要以能够全面、真实地反映观察对象实际情况为目标编制量表，要使词语及其意义与被评价的特征相一致，能够对所考察的问题作出较准确的说明。一般而言，量表须经反复试用和多次修订后，再正式确定和运用。

表 5-5 幼儿社会性情绪观察评定量表

观察评定指标	等级
1. 发起活动	A B C D
2. 注意力长度	A B C D
3. 好奇心	A B C D
4. 挫折忍耐力	A B C D
5. 与教师的关系	A B C D
6. 与其他成人的关系	A B C D
7. 遵守日常规则	A B C D
8. 与其他幼儿的交往	A B C D

评定标准：
1. 发起活动
A. 总是自己选择活动并热情投入其中。
B. 有时在发起活动时需要帮助并乐于接受建议。
C. 经常在发起活动之前犹豫不决。
D. 很少自己发起活动，也不听建议。
2. 注意力长度
A. 能较长时间地持续从事已选定的活动，有时甚至第二天还接着进行。
B. 能在同龄幼儿一般可维持的时间内持续从事活动，直至活动结束。
C. 需要鼓励才能把活动进行完毕。
D. 很少把活动进行完毕，常常改变活动。
3. 好奇心
A. 对新鲜主意或新事物很感兴趣。
B. 主动积极地探索教室内的新事物。
C. 对极有趣的东西才感兴趣，一般无兴趣。
D. 对任何新东西都不感兴趣或很少感兴趣。
4. 挫折忍耐力
A. 能有创造性地解决实际问题，遇到较大困难挫折时，表现出成熟的行为。
B. 通常能努力尝试并忍耐挫折，但在困难挫折较大时，可能表现出不成熟行为。

① 张燕，邢利娅．学前教育科学研究方法［M］．2 版．北京：北京师范大学出版社，2014：88-89.

C. 遇到并不严重的困难挫折就放弃努力，哭闹或发脾气等。

D. 不能忍受任何程度的挫折，稍有困难就哭闹，放弃努力或发脾气等。

5. 与教师的关系

A. 能力较强，常主动帮助老师。

B. 与老师关系较好，但只在需要时才要求老师帮助或注意自己。

C. 有时要求老师过分地帮助和注意自己，或常要求与老师身体接触，或有时攻击性地对待老师。

D. 持续不断地寻求老师的注意、接触或帮助，或常常攻击性地对待老师，或完全不理睬、忽视老师的存在。

6. 与其他成人的关系

A. 对任何其他成人的到来感兴趣，喜欢和成人讲话。

B. 不主动发起与其他成人的交往，但如老师吩咐，便愿意与其他成人接触，或跟人离开房间。

C. 对别人发起的交往无反应，或拒绝跟人离开教室，直至与该成人相当熟悉，或过分急切地希望得到别人的注意。

D. 当陌生人接近时，哭叫或躲起来，或表现为直接要求陌生人过多地注意自己。

7. 遵守日常规则

A. 明白地理解并遵守常规，即使老师不在场也这样做。

B. 通常能遵守常规，但有时会打折扣。

C. 经常试图检验常规的限制范围，或不能遵守常规，或有时会对常规的改变感到焦虑、不适应。

D. 经常不遵守常规，或对常规有过分强制感，对常规或作息制度的任何改变都感到焦虑。

8. 与其他幼儿的交往

A. 经常主动发起合作性游戏。

B. 有时主动发起活动，通常接受并参与别人发起的游戏活动。

C. 经常拒绝别人的劝告或建议，或常常独自玩而不和别人一起玩。

D. 大多数时间拒绝或回避其他幼儿。

思考与实训

1. 观察法有哪些优缺点？适合学前教育中的哪种研究？

2. 为什么要进行观察准备？观察准备要完成哪些任务？

3. 观察法有哪些类型？分别有哪些优点和缺点？

4. 为什么轶事记录法会被教师普遍运用？教师应如何运用该方法？

5. 观察法实施过程中应该注意哪些问题？如何应对突发事件？

6. 请选择一个自己感兴趣的学前教育现象进行观察并写出观察报告。

拓展阅读

[1] 沃伦·R. 本特森．观察儿童：儿童行为观察记录指南 [M]. 2 版．于开莲，等译．北京：人民教育出版社，2016.

[2] 蔡军．学前教育科研方法 [M]. 西安：陕西师范大学出版社，2013.

[3] 陈向明．教育研究方法 [M]. 北京：教育科学出版社，2013.

[4] 裴娣娜．教育研究方法导论 [M]. 合肥：安徽教育出版社，1995.

[5] 陶保平，钱琴珍．学前教育科研方法 [M]. 3 版．上海：华东师范大学出版社，2014.

[6] 王彩凤，庄建东．学前教育研究方法 [M]. 北京：北京师范大学出版社，2011.

[7] 王庭照．教育科研方法 [M]. 西安：陕西师范大学出版社，2016.

[8] 郑健成．学前教育研究基础 [M]. 北京：北京师范大学出版社，2014.

[9] 张宝臣，李兰芳．学前教育科学研究方法 [M]. 2 版．上海：复旦大学出版社，2012.

第六章　学前教育调查研究法

【本章概要】

调查研究法是介于质的研究和量的研究之间的一种方法，在收集资料方面是自然主义的质的研究中一种重要的方式，在分析资料方面又是一种实证研究方法。调查研究法是教育研究中最常用的研究方法之一，主要包括问卷法、访谈法、测验法等。

第一节　调查法概述

一、调查法的含义

调查法是指在科学的教育理论和思想指导下，通过问卷、访谈、座谈、列表、测验以及个案研究等方法，有目的、有计划地收集和整理有关教育现象和问题的原始材料，从而对教育现状作出分析，并得出科学结论的一种研究方法。

二、调查法的特点

（一）间接、灵活

调查法不像观察法那样必须在教育现场进行即时的观测研究，而是采用间接的方法，从几个侧面对研究对象进行间接考察，不受现场时空条件的限制，更加灵活、简便，收集资料的速度也比较快。

（二）途径多样

通过访谈、问卷、测验等多种不同途径可以提高资料收集速度，研究那些无法进行实验或观察的问题，如儿童厌食问题、儿童不良行为形成原因等。

（三）实施方便

调查法的调查对象都是处于自然状态下的研究对象，不同于严格控制的实验法，不需要对研究对象和研究变量进行干预和控制，更易于操作。

（四）难以控制

调查结果的可靠性往往依赖于调查对象的合作态度与实事求是的精神，但出于种种原因，有时调查对象可能会有意无意地加入自己的主观意向或偏见，而调查者往往难以控制这一点，且难以了解这种主观加入的程度，从而影响调查结果的可靠性。

由以上特点我们可以得知，调查法的优点是：便于研究范围较广、涉及面较大、时间较长的教育现象，如研究不同年龄阶段儿童语言发展问题。与其他方法相比，调查法效率较高，结果统计能高度量化、规范化，费用低，不必在人员训练方面花太多的时间和精力。其缺点是：它只能揭示事物之间的相关关系，而不能可靠地揭示事物之间的因果关系，而且受调查对象合作程度的制约，结果的真实性难以保证。

三、教育调查研究的类型

（一）根据调查目的以及研究课题的性质分类

1. 现状调查

现状调查旨在研究学前教育领域中某些现象和问题的现实状况，是学前教育调查中运用得最多、最普遍、最基本的调查类型。如“4～5岁幼儿语言发展状况调查”“西部地区幼儿教师专业发展状况调查”“偏远山区学前儿童生存状况调查”等。

2. 相关调查

相关调查旨在探讨两个变量相互联系的性质和程度，分析与考察它们是否存在相关关系，目的是寻找教育现象的相关因素，以探索解决问题的办法。如“父母教养方式与幼儿性格之间关系的研究”“教师态度与幼儿心理健康关系的调查”“攻击性行为与收看电视关系的调查”“大班幼儿识字量与阅读理解能力的相关性研究”等。

3. 原因调查

原因调查旨在通过调查了解某一现象或问题出现的原因。研究者可以对某一教育现象的相关影响因素进行比较分析，然后探讨其可能的原因。如“多动症儿童家庭情况调查”“肥胖儿童形成原因的调查研究”“幼儿攻击性行为的成因探讨”等。

4. 发展调查

发展调查旨在考察某种教育现象或教育问题随着时间的推移而变化发展的状况。发展调查有以下两种方式：(1) 纵向调查，也称追踪调查，是指在不同的时间段对同一组对象进行研究。如研究不同年龄段儿童与同伴交往能力的发展特点，可以找一组幼儿，在其 3 岁、4 岁、5 岁时分别进行研究，然后画出发展曲线。研究须多次追踪考察，时间较长，可能会面临研究对象的流动或流失等问题，操作起来有一定困难。(2) 横向调查，是指在同一时间段对不同的研究对象进行调查。如研究不同年龄段儿童与同伴交往的能力，可以选出 3 岁、4 岁、5 岁儿童各一组，同时对三个年龄段的儿童进行研究，求出各年龄段的平均数，然后进行比较或画出发展曲线。横向调查所用时间较短，操作简单，但个体差异大，影响研究结果准确度，同时不利于追踪其发展变化。

（二）根据调查对象范围分类

1. 普遍调查

普遍调查是指对研究对象的全体无一例外地全部进行调查。其优点是调查资料具有全面性和准确性，但研究对象数量多时，普遍调查的工作量会变大，会耗费大量的人力、物力、财力。

2. 个案调查

个案调查是指专门对某一对象或某一事件进行调查。由于调查范围只集中于一个对象，所以调查较为深入，能取得比较详细的资料，但是代表性不如普遍调查。

3. 抽样调查

抽样调查是指研究者从研究总体中抽出部分个体作为研究样本，只对进入研究样本的这部分个体进行调查，而将调查结论推论到总体的研究方式。绝大多数调查研究都属于抽样调查。抽样调查具有较好的代表性，又能够克服普遍调查的局限性，是被广泛采用的一种调查方法。

4. 典型调查

典型调查是指在调查范围内选择部分具有代表性的对象进行调查。典型调查容易组织，调查方法比较灵活，能够在较短时间内对研究对象进行深入细致的了解。但是在对典型调查结果进行推论时要慎重，不能轻易把结论推广到总体。

（三）根据调查手段分类

1. 问卷调查

问卷调查又称填表法，是指通过让调查对象填答书面问卷进行调查的一种方法。问卷是研究者为了解某些事实或意见，向被调查者发放的问题表格。这是一种用书面形式进行调查的方法。

2. 访谈调查

访谈调查又称谈话法，是指研究者通过和访谈对象交谈收集材料的方法。根据访谈方式的不同，访谈可分为面谈、信访和电话访问等。这是一种用口头形式进行调查的方法。

3. 测验调查

测验调查是指以测试题为工具，对研究对象进行测试并进行量化分析，从而收集研究资料的一种方法。

接下来我们重点介绍常用的几种调查研究法：问卷法、访谈法和测验法。

第二节　问　卷　法

一、问卷法的含义

问卷法是指研究者把一系列事先严格设计好的问题组合起来，以书面的形式征询调查对象的意见，通过对问卷的回收、整理和分析，获取有关资料信息的调查方法，也称为“填表法”。

问卷法要求调查对象具有一定的书面理解能力和文字表达能力，所以问卷法往往用于对幼儿教师、幼教工作者以及幼儿家长的调查，一般不直接用于对幼儿的调查，极少数时候对有阅读能力的幼儿也可采用问卷法，但是只能作为辅助法，且只能当面实施，内容以图片为主，需加以言语指导。

二、问卷法的特点

（1）标准化程度一般较高，预先进行操作化和标准化设计，因此所得的资料也便于进行定量处理和分析，保证了问卷法的科学性、准确性和有效性。但是也正因为问题和回答方式固定，所以不灵活，难以回答复杂的问题和个体差异性问题，深入性不够。

（2）能在较短的时间内收集到大量的资料。

（3）匿名性强，回答真实。但是指导性较低，回收率不能保证。由于采用问卷法进行调查时一般研究者不在场，因此不能有效地指导研究对象填写问卷，难以全面了解研究对象填写问卷时的真实情况，研究对象在填写过程中如有不清楚、不理解的地方也无法询问，这些都会影响到回答的真实性和准确性。当问卷的回收率较低时，研究者往往难以知道他们不填写问卷的原因。

三、问卷的类型

一般按问卷的功能、编制形式或回答方式等不同的标准，可以将问卷划分为结构型问卷、非结构型问卷、半结构型问卷三种。

（一）结构型问卷

结构型问卷又称为封闭式或标准式问卷，是对所有研究对象应用一致的题目，对回答有一定结构限制的问卷类型。结构型问卷易于回答，问卷收回后，也比较容易统计整理。结构型问卷有以下五种形式。

1. 选择式（要说明是单选还是多选）

例如：您的孩子在家里做了不好的事，您通常会怎么办？

A. 说理　B. 责骂　C. 打一顿　D. 不理睬　E. 不许出去玩　F. 关在屋里

2. 是否式

例如：您喜欢幼儿教师的工作吗？

是　否

3. 编序式（排列式）

例如：请将下列课程按您喜欢的程度高低依次编号。

A. 语文　B. 钢琴　C. 美术　D. 声乐　E. 舞蹈　F. 心理学　G. 教育学

4. 等级式（评定量表式）

例如：您对现在的课程设置是否满意？

非常满意　满意　比较满意　不满意　非常不满意

5. 填空式

例如：您从事幼儿教育工作已有________年。

（二）非结构型问卷

非结构型问卷又称为开放式问卷，是由问卷设计者提供以问答题型为主的问题，调查对象自行构思、自由发挥、按自己意愿答出问题的问卷。开放型问卷没有固定的回答格式与要求，一般用于被调查的人数较少、无须量化的探索性研究中。采用非结构型问卷进行调查，材料的处理有一定的难度，但往往可以获取比较详细、具体的事实材料。

（三）半结构型问卷

半结构型问卷介于以上两者之间，一般是以结构型题目为主，需要进一步探究的问题就使用非结构型的问答题目，或者在结构型问题所有答案后面加“其他”选项。

四、问卷的结构

调查问卷的结构一般包括标题、前言和指导语、问卷题、结束语四个部分。

（一）标题

标题是问卷的研究主题。每份问卷都应有一个题目，以使被调查者清晰、明确地了解研究的中心内容。问卷题目不宜长，确定题目的原则是鲜明、准确、易于填答人理解。例如，“幼儿教师阅读状况调查”。

（二）前言和指导语

前言在问卷的开头，是对问卷的一个简要说明，内容包括调查的目的、意义、调查者、调查结果的使用范围、保密措施、对调查对象的尊重与致谢语。如果是邮寄问卷，其目的在于引起调查对象对填答问卷的重视和兴趣，消除调查对象的顾虑，使其对调查给予积极支持和配合。如果是一项研究课题的前言，最好能够体现课题的权威性，必要时可以加盖公章。

指导语是用来指导调查对象填写问卷的要求和注意事项，有时还附有样例。指导语应放在显明易见之处，常用不同字体或用方框标出，以与题目相区分。指导语要简明易懂。

（三）问卷题

问卷题是问卷的主体部分。问卷中的问题从内容上可分为事实和行为性问题、原因或理由性问题、态度或情感性问题、环境性问题等几种类型；从编制形式来看，可以分为结构型、非结构型、半结构型。编制完毕后必要时可以编码，这项内容适用于规模较大而又需要运用计算机统计分析、要求所有的资料数量化的调查问卷。一般是在问卷主题内容的右边留统一的空白，按题目答案的顺序编上数字号码（中间用一条竖线分开），即为该答案的代码。整个问卷有多少种答案，就要有多少个编码号。当然，样本数量较小的调查可不设编码栏。

（四）结束语

结束语一般有三种表达方式。一是通过一段话对调查对象的合作再次表示感谢，并提醒其不要漏填。二是提出 1～2 个关于本次调查形式与内容的感受等方面的问题，征询调查对象的意见。如“您还有需要补充的问题吗？如果有，请写在下面”。三是提出本次调查研究中一个重要的问题，以开放式问题的形式放在问卷的结尾。

五、问卷法的实施步骤

（一）问卷的设计

1. 确定选题

应用问卷调查是要从事某项研究，凡从事研究必先确定研究问题是什么。研究问题确定之后，就要根据已有的资料，提出研究假设，可进一步明确通过问卷需要收集哪些事实材料和编制哪些问题。

2. 选取被试

被试的选取通常用抽样的方法。抽样的方法很多，可以是随机抽样，也可以是分层随机抽样。由于问卷法的研究难以进行完全的控制，问卷的回收率和有效率都不可能达到 100%，因此在选取被试时，被试应当多于所需的研究对象。被试的特征，关系到问卷的形式以及文字的表述要求等问题，如果被试是文盲或儿童，最好用图画来表述问题。

3. 初步拟定问卷题

（1）方法。

确定问卷题目一般可用卡片法和框图法。卡片法是指把每个问题和答案写在卡片上，然后按照主题内容把卡片分类，按照一定的顺序排列，最后把整理好的卡片问题编排到纸上形成问卷。框图法是指先勾画问卷的各个部分及其先后顺序的框架图，然后具体写出每一部分的问题及答案，最后经过检查、筛选、调整、补充形成问卷。

（2）题型。

问卷题的题型有开放式、封闭式两种。

（3）问卷题目的表述和编排原则。

第一，语言简单、明了、准确、规范、无歧义，避免使用专业术语和复杂的句子结构。例如，“您认为大众传媒会对儿童产生影响吗?”，该题的题意就不够清楚明确，而且所包含的范围太大。如对儿童的影响是指积极的影响还是消极的影响，或者指哪方面的影响呢？是认识能力方面的，还是道德品质方面的？大众传媒有很多，如报纸、电视节目等，究竟指哪种？

第二，问题不能带有倾向性，以免对调查对象产生暗示或倾向性诱导。例如，“多动症导致幼儿产生许多行为问题，您是否认为应该对您的孩子进行这方面的防治？”，这个问题的前半句话有引导性和暗示性。

第三，问题的表述避免使用否定句式，尤其要避免多重否定，以免造成误读。例如，“你（幼师学生）是否反对在非学习日，包括周末，不实行按时熄灯的规定？”，该问题可转换为：“你是否赞成在周末与平时一样实行按时熄灯的规定？”。

第四，避免一道题目中有多个问题。例如，“您的孩子是否喜欢唱歌和跳舞？”，在这道题目中包含了两个问题，令调查对象无从作答。像这类问题，要以两道题目表示，可改为“您的孩子是否喜欢唱歌？”和“您的孩子是否喜欢跳舞？”。

第五，尽量避免问敏感问题和社会禁忌问题。例如，“您觉得您的孩子有反社会性倾向吗？”，这个问题过于敏感。

第六，题目与答案要避免“社会认可效应”或“两难问题”。填答者往往希望自己的答案是可接受的，能得到社会认可，而不愿意选择那些看起来就违反社会规范或易于受到他人指责的答案。例如，“你经常抄别人教案吗？”，这种题目谁也不愿作肯定回答，即使事实如此，也难以自己承认。为了避免这种效应，可以采取以下措施：1）使问题和答案涉及“一般人”而非调查对象本人。例如，“有时候，孩子会和父母产生不同意见，从而发生争执。如果这种情况发生，父母应该怎么办？”（而不是“你该怎么办”）。2）在题目中阐明这类问题为客观存在，因而没有什么不正常，打消调查对象的顾虑，使其看起来并不是难以启齿之事。例如，“许多家长说，他们发现自己的孩子很难交流感情和思想，你认为这种情况是否真的存在？”（请家长作答）。3）采用列举的形式设计问题。例如，“有人认为……，还有人认为……，您认为如何？”。

第七，问卷中题目的安排应有一定的逻辑顺序。一般先易后难；相同主题和题型的问题放在一起；事实性问题放在前面，态度性问题放在后面；封闭式问题放在前面，开放式问题放在后面；能引起调查对象兴趣的问题放在前面，容易引起他们紧张和顾虑的问题放在后面；敏感性问题应放在问卷的后面；若连续几道题的答案都是划分水平程度的，这些问题之间要随机处理答案顺序，如前一道题的答案是由高到低，后一道题的答案建议由低到高排列，以免被调查者产生定式而不认真作答。

4. 问卷的试测

问卷题目编制好以后，在正式实施调查以前，应进行试测。试测是指从研究对象的总体中抽取一部分人员进行调查，也可以对与研究对象样本情况相同的群体进行问卷调查。问卷试测主要是检查问卷的问题是否清晰、问卷内容与形式是否存在错误等；也可把设计好的问卷初稿送给相关专家、研究人员，请他们提出意见。

5. 问卷的修订和定稿

根据试测情况，计算出问卷的效度和信度，并对问卷进行修订，必要时可进行再次试测，直至问卷完全符合要求，最后定稿打印。

（二）问卷的发放

对于大范围的调查工作，往往需要聘用许多课题外的人员参与调查，这时对调查人员进行培训是非常必要的。培训的内容主要有两个方面：一是与调查对象的沟通方法和沟通内容；二是统一发放问卷的具体时间、程序等操作上的规则，如怎样解答调查对象的疑问等。问卷发放一般有以下几种形式。

1. 当面集中填写

当面发放是最有效的问卷发放方式，因为有不明白的问题可以当场问，易于取得调查对象的合作。但是要注意防止在集体场合填写问卷的相互干扰。

2. 网上填写

这种方法节省了调查者与调查对象的时间，方便人们参与进来，但是无法保证配合度和真实度。

3. 登门拜访

采取这种方式往往是因为调查对象不会主动填写问卷，如文化水平较低或平时工作繁忙的人群。这种方式适用于小样本调查。

4. 邮寄

邮寄适用于大范围、多地区的调查研究。邮寄问卷可以节省经费，不受时间、地点的限制，不受他人干扰。但是这种方式回收率低，且缺乏指导，调查对象如对问卷题目有疑问，无法获得合理解释，只能乱填，或空着不填，从而造成问卷无效。

5. 行人路遇

此法一般适合于社会学的研究课题。

（三）问卷的回收

1. 回收率的统计

回收率＝总回收量/总发放量

有效回收率＝有效回收量/总发放量

有效回收量＝总回收量－废卷

2. 回收率的分析

一般来说，回收率如果仅有30%左右，资料只能作为参考；达到50%以上，可以采纳建议；当回收率达到70%以上时，方可作为研究结论的依据。因此问卷的回收率一般不应少于70%。如果问卷的回收率低于70%，要再发一封信及问卷进行补充调查。另外，如有可能，可以做小范围内的跟踪调查或访谈调查，了解未回答问题、未提交问卷的被试的真实看法，以防止问卷结果分析的片面性。

3. 回收率的影响因素

影响问卷回收率的主要因素有：问卷设计是否科学合理；调查对象是否合作；分发方式是否合理；是否得到有力支持。提高问卷回收率有一些技巧，如提高问卷质量、当面发放等。

（四）问卷的整理与分析

将回收的问卷整理后，还需进一步的统计分析，可通过 SPSS 统计分析软件进行分析，也可以按照传统百分比统计。

第三节 访 谈 法

一、访谈法的含义

访谈调查法，简称访谈法，是指调查者通过与调查对象进行有目的的谈话来收集资料的方法。访谈法也是质的研究中重要的收集资料的手段。

二、访谈法的优缺点

（一）访谈法的优点

（1）适用范围广泛，有利于对学前教育问题进行深入、广泛的研究。

（2）能灵活地、有针对性地开展资料收集工作。

（3）能直接获取信息资料，回答率高。

（4）可以观察到调查对象的非语言行为，以判断回答的可靠程度。

（二）访谈法的缺点

（1）研究时间长，样本小，需要花费更多的时间、人力、物力。

（2）访谈过程受到多种因素的影响，容易产生误差。

（3）收集到的语言资料很难量化处理和统计分析。

（4）不匿名，对于敏感和隐私问题，难以消除访谈对象的思想顾虑。

三、访谈法的类型

（一）按访谈设计的控制程度分类

1. 结构型访谈

结构型访谈也称标准化访谈、封闭型访谈，是指根据统一的设计要求，按照有一定结构的提纲而进行的正式的访谈。结构型访谈可以在较短时间里获得所需材料，结果便于统计分析，但缺乏弹性，难以对研究问题进行深入探讨。

2. 非结构型访谈

非结构型访谈又称非标准化访谈、开放式访谈、自由式访谈，是指只按照一个粗线条式的访谈提纲而进行的非正式访谈。它利于深入访谈，但难以进行定量分析，对访谈者的要求也高。

3. 半结构型访谈

半结构型访谈是指研究者事先拟好谈话的主题和问题的一些具体方面，提问顺序不固定，谈话时围绕主题即兴提出问题，根据被访者的回答情况调整问题的数量及难度等。这种方式有一定的灵活性。

（二）按访谈次数和深度分类

1. 一次性访谈

一次性访谈也称横向型访谈，是指在同一时段对某一研究问题进行一次访谈收集资料的方法。

2. 多次性访谈

多次性访谈也称跟踪访谈或纵向型访谈，是指对固定研究对象进行两次或以上的访谈收集资料的方法。它常用于质的研究，有利于深入研究，但是费时费力。

（三）按访谈对象的数量分类

1. 个别访谈

个别访谈是指访谈者与访谈对象进行一对一的面谈。个别访谈中访谈对象的安全感更强，谈话容易深入，可以收集到关于敏感问题和隐私问题的材料。但需要耗费大量的人力、物力和时间。

2. 集体访谈

集体访谈也叫团体谈话或座谈，是指访谈者同时对一组访谈对象进行访谈。由于人多，省时省力，谈话对象比较轻松，可以相互启发，谈话内容能较全面深刻。但是由于访谈对象之间的个体差异性，对于敏感或隐私问题不能进行深入调查。

（四）按访谈者与访谈对象的互动方式分类

1. 直接访谈

直接访谈又称面对面的访谈，即访谈者与访谈对象进行面对面的交谈。访谈者能够直接观察访谈对象的表情、动作、情绪等非语言信息，有利于判断访谈材料的真实性。但访谈对象也会受到访谈者非语言信息的影响。

2. 间接访谈

间接访谈法是指访谈者通过一定的中介物与访谈对象进行非面对面的交谈。例如，电话访谈、微信访谈。间接访谈与直接访谈相比，省时、费用较少，但是缺乏面对面的情感交流和保密性，难以观察非语言信息，难以保证材料的真实性。

四、访谈法的实施步骤

（一）访谈的准备

1. 制订访谈计划

访谈计划应对访谈中涉及的主要问题作出明确的规定。如访谈调查的目的、类型、内容、访谈者、访谈对象名单、经费、时间、访谈提纲、组织分工、访谈工具（如证件、采访机、录音笔）等。

2. 设计访谈提纲

结构型访谈原则上应该设计出访谈提纲，与问卷法中的问卷相似。只不过这份问卷是由访谈者以口头提问的方式提出，所以问题的设计要注重表述的口语化。而非结构型访谈一般只需列出问题，被访者有较大的表述自由。在访谈过程中，如果被访者提及调查需要了解的其他内容，那么访谈者可以不必拘泥于问题的顺序。访谈提纲一般由指导语、正题和结束语三部分组成。

（1）指导语。

指导语包括访谈者的自我介绍、访谈目的、访谈内容、交谈的规则和保密性原则，如需录音应事先得到被访者的同意。

（2）正题。

在设计访谈题目时需要注意以下问题：访谈题目要清楚明确，不含糊，不模棱两可；各题目之间要逻辑清晰，不能相互包含和重复；访谈尽可能避免涉及敏感问题；访谈题目不能带有诱导性，要使用中性的语言；问题的文字表述要适合访谈对象的文化程度和知识经验水平，避免用专业术语；不要提访谈对象不能作出回答的问题；应避免使用奉承性问题。

（3）结束语。

结束语部分主要是感谢语、必要的补充、下次预约等。

3. 选择访谈对象

选择访谈对象应该首先考虑调查研究的目的，然后确定访谈调查的总体范围，采用随机抽样的方法，选取调查研究所需的、有代表性的样本。一般来说，探索性研究采用较小的样本，验证性研究则需要较大的样本；横向型访谈、结构型访谈样本可以多一些，纵向型访谈、非结构型访谈样本可以相对少一些。

4. 预约

在进行正式访谈调查前，要与被访者预约。可以先联系被访者，简单告知基本情况，双方确定访谈时间、地点。

（二）预谈

为了保证正式访谈的成功，在进行正式访谈之前，一般还要安排一次预谈。预谈的目的是检查访谈设计的科学性。预谈的对象不应从正式访谈人中选，但两者的情况应该尽可能相似，也可以找同行专家审阅。预谈结束后，如果发现设计存在不足，应该调整和修改。如果访谈样本较大，访谈任务较重，研究者可以聘请若干访谈人员，但应注意访谈人员的选择和培训。培训内容主要包括研究课题的性质、目的与理论框架；访谈方法及访谈提纲的讲解；访谈技巧的熟悉和演练。

（三）实施访谈

1. 开始阶段：尽快接近被访者，建立宽松融洽的访谈气氛

可以简单地将预约内容重复一下，如自我介绍、来访目的、课题基本情况、保密原则和本次谈话内容。如果需要拍照、录音、录像，应该对其必要性加以专门说明，征得对方理解和同意。建立起初步的信任、尊重和理解关系，使被访者消除紧张心理后进入正题。双方座位的安排也有技巧，例如，尽可能由被访者来安排，谈话双方最好面对面坐着，最好没有桌子挡着，这样可以更清楚地观察对方的面部表情和肢体语言。

2. 进行阶段：按计划进行访谈，做好访谈记录

访谈中要注意控制话题，把控节奏，让被访者多讲。访谈者要掌握发问的技术、提问的方式，争取带动被访者回答正题。访谈者不能受被访者情绪的影响，不能表示不满，更不能对被访者进行批评和指责。访谈记录要尽量客观、完整、全面，不能加入访谈者的主观意见。记录时，在不清楚的回答处作出标记，以便接下来追加提问，如果当场无法记录，访谈结束后一定要追记并及时整理、分析。

3. 结束阶段：掌握时间，礼貌致谢

（1）把握好访谈的时间。

一般情况下，电话访谈为 20 分钟左右；结构型访谈为 45 分钟左右；集体访谈和非结构型访谈不要超过 2 小时。当然，可以根据访谈的实际情况灵活掌握。在访谈进入尾声时，访谈者要时刻观察访谈过程中被访者的表现。如果被访者兴致勃勃地发表有价值的意见，应该继续认真倾听；如果价值不大，访谈者可以用委婉的方

式暗示访谈可以结束，如可以说“我们什么地方还没有谈到?”“您还想告诉我些什么吗?”，从而避免遗漏信息和适时终止访谈。或者做出准备结束访谈的姿态，如开始收拾录音机、合上记录本等。如果被访者说话的音调降低和节奏变慢，或者不停地看时间，或已超时，或表现出疲劳、厌烦，访谈者也应该适时结束谈话。

（2）结束语。

访谈结束时，访谈者要向被访者询问有疑问或需要补充之处，最后表示感谢。如果因各种原因未能完成访谈任务，仍需调查，就应该与被访者约定下次访谈的时间和地点。

（四）访谈记录的整理与访谈结果的分析

应该及时记录和整理访谈材料，看看是否获得了研究所需的信息。对于通过录音、录像等形式记录的内容，要及时转换为文字资料。如果有些问题在访谈过程中原以为清楚了，但在整理资料的过程中却发现回答还不清楚或有遗漏，这时访谈者不能凭自己的主观愿望决定答案。为保证资料的准确性，对于关键问题，需要重访。

访谈实施后，需对结构型访谈结果进行整理，访谈量大时需对访谈内容进行编码，以便于进行量化分析。非结构型访谈获取的资料由于多为描述性分析，要尽量做到主次分明、条理清晰。最后对加工处理过的资料进行分析综合，得出研究结论，撰写调查研究报告。

五、访谈中的常用技巧

（一）提问技巧

1. 问题的类型

问题一般可分为结构型、非结构型和半结构型问题。结构型问题对被访者回答的方式和内容有较为严格的规定，一般只需要被访者回答“是”或“否”，例如，“您是否经常满足孩子的请求?”。非结构型问题常以“是什么?”“为什么?”等疑问句形式出现。例如，“您如何看待幼儿的攻击性行为?”，研究者提这类问题时候，要充分考虑到被访者的理解能力，确保被访者能完全理解问题。半结构型问题介于以上两者之间，有的在结构型问题所有选项后加“其他”选项。

2. 问题的排列顺序

关于问题排列的顺序，要注意以下两点：一是问题由简单到复杂、宽泛到具体，注意循序渐进。二是按照问题的逻辑性或事情发展的顺序来问，不能想一出问一句。这里要注意问题的自然过渡，访谈者应注意倾听被访者的谈话，将之前所谈内容作为导出下一个问题的契机，例如，可以用类似“您刚才说到……那么我想了解……”

的句式，自然导出下一个问题。

3. 提问应注意的问题

（1）对回答不作任何评价。

访谈者要对所提问题保持客观、公正的态度。如果被访者对问题会意错误，访谈者可以在不给予暗示的前提下，重复问题或者作出进一步解释，尤其是在涉及不同观点或者是有争议的话题时，无论访谈者是否赞同，都不宜作出肯定或否定的评价，只能作出中性的反应，如“我明白您的意思了，请继续说”等。

（2）保持被访者的访谈兴趣。

当谈话双方的气氛趋于紧张时，访谈者可以暂时转换一个有趣的话题来缓和气氛。如果被访者感到厌倦了，可以暂停访谈，稍作休息。

（二）倾听技巧

1. 不要轻易打断被访者的谈话

这既是对被访者的尊重，又是保证访谈气氛的方法。被访者说话时都有自己的逻辑，访谈者一定要耐心倾听，不要有丝毫厌烦的情绪，不仅要注意被访者所说的具体内容，而且要结合被访者的身份特征和非语言行为，思考他这样说的原因。

2. 把握沉默时机

在访谈中，被访者有时会出现沉默现象。如果谈话一直很顺利，在某一问题上突然沉默下来，这有可能是被访者需要时间思考，组织语言。此时，访谈者应耐心等待。当然，有时候访谈者无法确定被访者长时间沉默的原因，此时可以用温和、友好的语气试探性地询问对方“请问您在想什么呢?”等。总之，当被访者沉默时，访谈者不要立刻发话来打破沉默，要先判断被访者沉默的原因，再作回应。

3. 有感情地倾听

人的情感很容易产生共鸣。一般来说，如果访谈者没有相应的情感表露，被访者也不会轻易表露出内心的真实想法。访谈者如果在访谈中摆出公事公办的死板面孔，会使被访者感到压抑，不自觉地隐藏自己的真实情感。所以，访谈者在倾听过程中应该明显地表现出对对方的理解，接纳对方的情绪体验。

（三）回应技巧

1. 认可

认可是一种比较简单的回应方式，是指访谈者用简洁的方式表示自己正在关注被访者的讲话，并希望对方继续说下去，具体包括一些语言行为，如“对”“是啊”“是吗”“很好”等；还有一些非语言行为，如点头、微笑、做出同样的面部表情等；

甚至可以是“啊”“嗯”“哦”等几个简单的语气词。访谈者无须直接说出什么实质性的表示鼓励的话语，这些简洁的回应就能够使被访者感到自己所说的内容被接受和鼓励。

2. 重复、重组和总结

重复是指访谈者将被访者所说的内容重复一下；重组是指访谈者将被访者所说的内容换一个方式说出来；总结是指访谈者将被访者所说的内容用几句话概括出来。这些都是为了给被访者理清思路，检验访谈者对被访者所谈内容的理解是否正确，同时也是为了表明访谈者对被访者所说内容非常感兴趣，从而鼓励对方继续说下去。

3. 追问

追问是一种特殊的回应方式，是指访谈者就被访者的回答中出现的某些事件、观点、概念、疑问等作进一步询问，以达到深入了解的目的。例如，倾听一位园长的管理经验介绍时，发现“评价”这一概念很有意思，于是就问：“您刚才使用了‘评价’，您能解释一下什么是‘评价’吗?”

4. 自我暴露

自我暴露是指访谈者把自己相似的经历告诉被访者，从而拉近双方的心理距离，使访谈气氛更加轻松。有经验的访谈者会在访谈中适当的时候以恰当的方式暴露自己。例如，“我平时也……常常会……”。但是这种自我暴露要注意选择恰当的时机，及时回到主题，要保证访谈者的主导地位和被访者的主体地位，切勿喧宾夺主和跑题。

（四）记录技巧

1. 人员记录

一般来说，个别访谈必须是访谈者亲自作记录；集体访谈中，可以安排专人记录。现场记录主要是记录被访者所说的内容。有时也可以记录访谈环境，被访者的行为、表情、反应，在访谈现场的感受和体会。记录速度要快，事后要及时进行补充和整理。

2. 机器记录

为了获得更完整的信息，同时专注于谈话内容，在征得被访者允许的前提下，可以借助设备来记录，使整个访谈情境可以重复、再现，便于日后资料的分析和整理。使用辅助设备时，要事先检查设备是否运转正常，如录音笔是否有电、内存是否充足等。

（五）非语言行为技巧

访谈过程中，交谈双方除了有语言行为，还有各种非语言行为，如外貌、衣着、动作、面部表情、眼神、谈话距离、沉默时间长短、说话的音量、非语言行为与语言表述之间的矛盾等，双方的非语言行为会相互影响。结合对这些细节的观察和记录进行分析，有助于提高研究的准确度。

第四节　测　验　法

美国心理学家桑代克（E. L. Thorndike）认为“凡是客观存在的事物都有其数量”“凡是有数量的东西都可以测量”。物质存在差异，人的身心状况也不例外，而要测量这些差异，就要用到测验法。测验法属于量的研究范畴。

一、测验法的相关概念

（一）测验法

测验法是指运用测量工具，按规定程序，通过测量来收集数据资料的一种方法。

（二）测量

测验和测量是很容易混淆的概念。测量是对事物作定量化测定的方法，即对事物作出量化描述。测验是测量的工具，测量是测验的操作过程。测量比测验的含义更宽泛。

（三）量表

测量需要工具，在测验法中称为“量表”。例如，尺是度量长度的量表，血压计是测量血压高低的量表。量表有四种不同水平的类型：名称量表、顺序量表、等距量表、等比量表。

二、测验法的优缺点

测验法的优点是：标准化程度较高，科学性较强；定量化水平较高，能直接进行对比研究；经济实用，省时省力。其缺点是：测验编制难度较大，费时费力；通常是间接测验，难以进行整体定性分析；灵活性较差；对研究者要求较高。

三、测验法的功能

测验法的功能主要有两个：一是诊断，注重个体差异，诊断出某个幼儿在某个领域的学习与发展水平；二是预测，测验不同幼儿之间的差异，据此预测不同幼儿未来发展的差异。

四、测验法的类型

（一）按测验的目的和内容分类

1. 智力测验

智力测验是指测量人的一般智力水平，是心理测量领域中最早发展的一类测验，也是迄今为止较为成熟的测验，也可称为“一般能力测验”。

2. 能力测验

能力测验是指测量个体在某一领域发展的可能性，如音乐能力测验、空间能力测验、交往能力测验等，也可称为“特殊能力测验”。

3. 成就测验

成就测验又称学绩测验，主要用于测量人在经过学习和训练之后对知识与技能的掌握程度，即学业成就。在教育工作中，最常见的是学校中的各种学科测验。

4. 人格测验

人格测验主要用于测量人格中除能力之外的心理特征。可以测量单一的人格特质，如气质测验；也可以测量多种人格特质，如卡特尔 16 种人格因素问卷。

（二）按测验对象的数量分类

1. 个别测验

个别测验是指在同一时间内，施测者只能以一名被试为对象进行测量，即一次一个被试。这是最常用的心理测试形式。

2. 团体测验

团体测验是指在同一时间内，施测者对多名受测者实施测量。

（三）按测验的标准化程度和编制来源分类

1. 标准化测验

标准化测验是指由专家或学者所编制的，适用于在大规模范围内评定个体心理特征或水平的测验。这种测验的命题、施测、评分和解释都有一定的标准或规定，具备较高的效度和信度。

2. 自编测验

自编测验也称非标准化测验，是指研究者根据教学的需要，仿照标准化测验的试卷形式，自行设计、编制的测验。

（四）按参照系的不同分类

1. 常模参照测验

常模参照测验是指将受测者在测验中所得的分数与常模相比较，以确定受测者在某一团体中所处的相对位置。所谓常模，简单地说，就是标准化测验中的平均水平。智力测验就是常模参照测验。

2. 目标参照测验

目标参照测验也称标准参照测验，是指将受测者的测验结果与事先规定的某一绝对标准进行比较，以确定受测者有无达到该标准，进而对受测者的分数作出解释，来判断其是否具备了某种能力。

（五）按测验材料分类

1. 纸笔测验

纸笔测验又称文字测验，所用的测验材料是文字材料。

2. 操作测验

操作测验又称非文字测验，所用的测验材料多是图形、实物、工具、仪器、模型等，受测者通过对材料的辨认、手工操作来回答问题。

五、测验的标准

（一）效度

效度（validity）是指测验结果的有效性和准确性，即测验结果与测验对象之间的相符程度。测验效度越高，就说明越准确有效地获得了它所要测量的数据。例如，用智力测验测量幼儿的智力发展水平是有效的，而用智力测验题目去测量幼儿体能就是无效的。

（二）信度

信度（reliability）是指测验结果的可靠性和稳定性，即多次重复测验所得结果的一致性程度。如某学前儿童经过几次智力测验，其智商均在 120 左右，测验结果基本保持一致，那么这个智力测验就是可靠的、可信的，即信度高。信度表明了研究的前后一致性以及研究在多大程度上可以被重复。

测验的信度高，其效度并不一定高；但测验效度高的，其信度一定高。

（三）难度

难度（hardness）是指测验题目的难易程度，用难度值（P）表示，其计算公式如下：

$$\text{难度值}(P)=\text{答对人数}(R)/\text{被试总人数}(N)\times 100\%$$

P 值越大，难度越低；P 值越小，难度越高。一般来说，难度值平均在 0.5 最佳，难度值过高或过低，都会降低测验的效度。

（四）区分度

测验的区分度是指测验把水平不同的学前儿童区分开来的程度。区分度大的测验可以使水平高的幼儿得高分，水平低的幼儿得低分，而区分度小的测验则不能。测验的区分度主要依赖于测验题目的难度。如果在一次智力测验中，由于测验题目太难（简单），所有学前儿童的分数都很低（高），从而使智力水平高和低的学前儿童得分没有明显差别，测验就失去了效度。

六、测验的步骤

测验一般有以下步骤：编制、试测、修正、施测、建立常模、检验等。

七、国内学前教育领域常用的测验

国内目前比较权威的、常应用于儿童的测验有：中国比内智力测验、韦克斯勒智力测验、瑞文推理测验、学习能力测验、绘人测验、中国儿童发展量表（CDCC）、学龄前儿童 50 项智能筛查量表等。

思考与实训

1. 简述教育调查研究的类型。
2. 根据自己的研究兴趣，设计一个问卷调查表。
3. 选择一个问卷调查表，分析其优缺点并提出改进意见。
4. 简述访谈中的常用技巧。
5. 针对你自己的研究问题，设计一个访谈提纲，对 3 名研究对象进行访谈，将访谈结果整理出来，并进行分析。

拓展阅读

[1] 梅雷迪斯·M. 高尔，等．教育研究方法导论 [M]. 6 版．许庆豫，等译．南京：江苏教育出版社，2012.

[2] 威廉·维尔斯马，等．教育研究方法导论 [M]. 9 版．袁振国，等译．北京：教育科学出版社，2010.

[3] 劳伦斯·纽曼．社会研究方法：定性和定量的取向 [M]. 郝大海，译．北京：中国人民大学出版社，2007.

[4] 蔡军．学前教育科研方法 [M]. 西安：陕西师范大学出版社，2013.

[5] 陈向明．教育研究方法 [M]. 北京：教育科学出版社，2013.

[6] 陶保平，钱琴珍．学前教育科研方法 [M]. 3 版．上海：华东师范大学出版社，2014.

[7] 王彩凤，庄建东．学前教育研究方法 [M]. 北京：北京师范大学出版社，2011.

[8] 郑健成．学前教育研究基础 [M]. 北京：北京师范大学出版社，2014.

[9] 张宝臣，李兰芳．学前教育科学研究方法 [M]. 2 版．上海：复旦大学出版社，2012.

第七章　学前教育历史研究法

【本章概要】

历史法是一种独特的研究方法，因为它是一种独立的研究方法，同时又是任何科学研究方法必经的步骤或必备的条件。本章介绍了历史法的含义、意义、特点及研究步骤等。

第一节　历史法概述

一、历史法的含义

历史研究法，简称历史法，是指研究者通过对古今中外有关教育资料的收集、整理，分析和研究人类过去丰富的教育实践与教育思想，借鉴和比较不同时代、不同社会背景下的教育经验、教育措施与效果，从而认识和揭示教育现象之间的联系、探索教育发展规律的一种研究方法。

由于历史法的主要研究手段是查阅文献资料，所以历史法在一些参考资料中也被称为资料研究法或文献研究法。但严格地讲，历史法与文献法是有区别的。文献法不一定研究某一现象的全部过程，历史法也不限于文献资料的查阅分析，有时还要运用教育调查法和比较法等。历史法是建立在信息的基础之上的，信息主要来自与研究内容相关的史料，获取必要的史料是历史法得以进行的前提。史料的来源主要是书面文字材料，如书籍、报刊、日记、信件、会议记录等，但书面材料并非是唯一来源，还有实物资料，如遗迹、出土文物以及具体的物品、图片、录音、录像等。另外，有关的故事、传说、民谣、礼仪、风俗等口头传播的信息也是史料的来源。但是由于这两类方法比较接近，因而我们在这里仅作简要介绍。

二、历史法在学前教育研究中的意义

历史法在学前教育研究中的意义主要表现在以下三个方面：一是历史法既是一种独立的研究方法，又是任何科学研究必经的步骤或必备的条件。二是运用历史法的目的不在于考据，而在于为当前的教育实践提供有益的启示和指导。这就是所谓“前事不忘，后事之师”“以史为鉴”“古为今用”。通过历史研究，考察各种教育现象和教育思想的产生和发展，探讨其原因，把握其趋势与倾向，正确地认识教育现象与教育理论的根源与实质。三是揭示教育现象的因果关系及现象之间的联系，掌握其来龙去脉，从而正确处理教育问题。

三、历史法的特点

历史法受环境和具体教育条件制约的程度相对较小，如幼儿园工作计划、工作的时间和空间、幼儿、家长等因素的制约。研究者通常不接触教育现场，而是以资料的收集、整理、分析研究为主要的活动方式。因而资料的完善与否、资料获得的客观可能性大小，决定了研究课题的大小、深度及成败。进行历史研究或资料研究，研究者虽然不必亲临教育现场，但必须熟谙当前的教育状况，必须充分掌握有关当前教育状况的资料，研究必须触及当前的教育实践，能够对实际问题的解决有所助益。因此，历史法有以下几个显著的特点。

（一）具有历史性

历史研究的对象侧重于已经发生过的，并且是多数已经形成文字的教育现象，研究者需根据史料去进行研究。史料是指某些人对某事件发生与经过的记载，主要为文字资料，包括客观现实材料及思想理论材料（或是与某事件的发生发展有关的遗迹），研究者只能根据他人观察的记述（或事物的遗迹）重建史实。进行历史研究，要求占有大量丰富的史料，通过对史料的透视，把握其性质。研究者应运用历史唯物主义，把教育的历史事件、人物、思想放在特定的历史条件下，进行分析研究。

（二）以逻辑分析为主

历史法的研究方式以逻辑分析为主，注重理论研究。通过逻辑分析、理论概括的方法，研究事物发展过程的矛盾运动，揭示教育历史发展规律，并建立和形成科学的理论体系。研究者要在研究历史发展过程的全部丰富内容的基础上，用抽象法再现出其中主要的东西，揭示历史材料的本质，揭示历史与现实的联系，阐述理论。在研究过程中，要做到史论结合，史实和文献资料是研究的根据，理论是研究的终结与结果，要处理好史与论的关系、文献资料与观点的关系。

（三）批判性与创新性的统一

教育文献史料是一定历史条件下的产物，特别是有关教育的思想、观点往往受到作者历史背景和三观的制约，因此，研究者要持批判的态度，取其精华，去其糟粕，不能“照单全收”。要在批判的基础上继承，而不是简单地肯定或否定。此外，进行历史研究或资料研究，还需要对文献资料加以鉴别和分析比较，并将它们重新组合，寻找新的联系，以便发现新规律、提出新观点和创造新理论。历史研究一定要以有益于当前的教育现实和发展为目的，即所谓“推陈出新”，这是历史研究的真正价值之所在。在研究过程中，研究者应将历史感与现实感统一起来。

（四）容量大、费用低

历史法是对教育资料信息的研究，可看作一种信息法。它不是直接选取人、事物或某种实在的教育现象为对象，而是以文献史料特别是文字资料为研究对象，因而具有容量大、费用低的特点。当然，这一点也不是绝对的，因为资料可能散落在多处，寻找起来需花费很多人力、物力、财力，且有些珍贵资料极为昂贵，甚至无价。

历史法也存在一定的局限：文献资料往往带有倾向性，对资料的加工、分析、取舍也受研究者主观因素的影响；资料的保存和收集不容易完整；鉴别资料困难比较大，需要花费较多时间。

第二节　历史法的基本步骤

一、确定研究问题

任何研究的第一步都是如此。历史法中的研究问题可以是对研究假设的陈述或是对研究目的的陈述。这里的假设与实证性研究方法中的假设有区别。在实证性研究中，假设是作为整个研究的核心提出的，要求在研究过程中对其进行检验，整个研究围绕着验证假设而展开，研究结果是要么接受假设，要么拒绝假设。而历史法中的假设并非十分明确，通常是对研究问题的性质特征、环境的影响、相互关系、可能的原因等作出推测和描述。确定研究问题的另一个重要方面是界定关键术语。在现实的研究中，有的术语总是有些模糊不清，如果对术语不加以特别的界定，在研究中可能会造成误解。对术语的界定通常采用抽象性定义。

二、收集和考证文献资料

收集和考证文献资料是历史法的基础工作。历史资料通常分为第一手资料和第二手资料。第一手资料也称原始资料，是对要研究的事件或经历的首次描述，作者以第一见证人（直接目击者）的身份出现。如：幼儿园的规划、工作日志、工作报告、会议记录、学前儿童情况记录表、活动录像；教师的教学计划、教案、工作小结；幼儿的作品；研究者的手稿、首次发表的论文、研究报告、专著；等等。

第二手资料是对要研究的事件或经历至少加工处理过一次的资料，作者以间接见证人的身份出现。如摘录、综述、述评、书评介绍、心得体会等。当然两者的划分并非是完全绝对化的。例如，幼儿园的科研会议记录是第一手资料，某记者依据会议记录，对会议作出评论，这是第二手资料。如果记者亲自参加科研会议，那么他的报道就是第一手资料。

历史法的基本准则是，只要有可能，就尽量使用第一手资料。收集资料时不仅要收集与研究问题相关的资料，还应注意收集背景性和旁证性的资料。收集资料应充分全面，不仅要收集相同观点的资料，还应注意收集不同观点，甚至相反观点的资料。应特别重视例外的资料和相反的资料，不要回避或隐匿这些资料。

收集资料的任务基本完成后，接下来进入对文献资料的考证阶段，即对收集来的文献进行鉴别和评价：鉴别文献的真伪，评价文献质量的高低。历史法中对资料的考证分外部考证和内部考证两类。

外部考证是对文献本身真伪作出鉴别，涉及文献的真实性。如对版本真伪进行考证，可以将该书的编排体例与同时代的同类出版物比较，看是否相符；也可查看书中内容是否反映了成书年代的事实。对作者真伪进行考证，可以看作者其他作品的语言风格是否与此书一致，基本观点、思想是否一贯。

内部考证是对文献所记载的内容是否真实的鉴别，涉及文献的可靠性。常用的考证形式有：文字性文献的相互印证；实物与文字性文献的互证；文献内容与当时历史背景、史实的对照、比较；分析作者的生平、立场、思想与此文献内容的一致性程度等。一般来说，被具有权威性或大型的工具性文献（如百科全书、大辞典、年鉴等）所引用的资料比较可靠。

无论是外部考证还是内部考证，都是通过比较的方式来进行评价的，目的是去伪存真，确保文献资料的可信性和可利用性。比较通常是客观的、公正的，当我们对某件事无从判定时，比较是一个简单有效的方法，真伪、强弱、优劣、美丑，无须争论，一比便知。没有比较就难以对事物进行鉴别，没有鉴别就难以对事物进行正确的评价，没有正确的评价就容易人云亦云，失去主见。

三、综合分析文献

历史法不能只将研究停留在收集、整理、考证的阶段。概括、分析史料才是研究的直接目的。综合分析文献就是对自己掌握的文献资料进行理性的思维加工，形成对事实本身的科学认识。对史料的理性加工形式主要是分析、综合、比较、抽象、概括，常用的方法有历史分析法、逻辑分析法、比较分析法、内容分析法等。研究者反复研究原始资料，从中综合信息的过程，也是逐步形成研究假设，或对原来的假设进行重新审视的过程。历史研究中的假设不同于实验或调查研究中的假设。后两种研究是先假设再验证，假设在整个研究中是固定的航标。而历史研究并不一定预先作出假设，在研究过程中，随时可能形成假设，也随时可能修正假设，不断修正假设的过程，也就是得出研究结论的过程。

四、解释并形成结论

解释是历史研究过程的核心，研究者应站在客观的立场上去解释、评价史料，还历史以本来面目。不要赋予过去的术语以现代的含义或任何时候都不曾有过的意义。历史研究的核心是解释过去，探索过去；是去寻找资料，而不是生产资料；是对已结束或已发生的事件的还原加工。在历史研究中，了解过去是必要的，但更重要的在于为现在和未来服务。历史是一面镜子，现有的任何事物都可在历史中找到其影子；历史又是伟大的思想库，后人可从中得到宝贵的精神财富。历史文献的作用是双重的，一方面有助于对过去的理解，另一方面能为现行决策提供视角。历史法的运用要坚持历史唯物主义的基本观点，遵循尊重历史、古为今用的原则，正确处理史料与理论概括的关系，处理好批判、继承、创新的关系。应以历史的、发展的眼光去看待历史事实，把史料放到当时的政治、经济背景中去考察。不要以今天的观点去美化或苛求历史，也不要把现代人的思想意识强加于前人。

结论应在对文献资料的综合分析之后产生，而不是在它之前。不能用现成的结论去裁剪史料，更不能断章取义地解释史料。所以历史法的最后一个步骤是得出研究结论。结论的产生很大程度上依赖于对资料信息的逻辑分析。当然，对信息作出客观的、合理的解释是必不可少的，通常解释采用举例说明的方式进行。应随时间的推移，顺理成章地理清历史发展的脉络，得出结论，一般不要采用倒叙的形式。

思考与实训

1. 简述历史法和文献法的异同。

2. 收集史料有哪些实用、快捷的方法？

3. 请谈谈你对“史料重在平时积累”的理解。

4. 阅读一本中外教育名著，撰写读书报告。

拓展阅读

[1] 威廉·维尔斯马，等．教育研究方法导论 [M]．9 版．袁振国，等译．北京：教育科学出版社，2010.

[2] 陈向明．教育研究方法 [M]．北京：教育科学出版社，2013.

[3] 袁振国．教育研究方法 [M]．北京：高等教育出版社，2000.

第八章 学前教育比较研究法

【本章概要】

比较研究法简称比较法，又称对比法。比较法不仅是一个独立的研究方法，同时也是使用率较高的辅助方法和综合方法，是常用的高效研究方法之一。本章介绍了比较法的含义、意义、类型、运用条件及研究步骤等。

第一节 比较法概述

一、比较法的含义

比较法是指根据一定的标准，对两个或两个以上有联系的事物进行考察，寻找其异同，探求教育之普遍规律与特殊规律的方法。

二、学前教育比较法的意义

古罗马著名学者塔西佗曾说：“要想认识自己，就要把自己同别人进行比较。”比较是认识事物的基础，是人类认识、区别和确定事物异同关系的最常用的思维方法。比较研究法现已被广泛运用于科学研究的各个领域。在学前教育研究中，比较研究是一种重要的研究方法。

（一）可以帮助人们更好地认识事物的本质，把握教育的客观规律

人们常说："不怕不识货，只怕货比货。"我们认识一个事物常通过将其与其他事物比较来实现。因为有比较，才有鉴别；有鉴别，才有认识。在实际生活与工作中，比较是认识事物本质的最基本也是最重要的方法。学前教育研究是一个复杂的认识过程，比较研究法可以帮助我们更好地认识教育的客观规律。

（二）能使人们更好地认识本国、本地的教育状况

"不识庐山真面目，只缘身在此山中。"不借助他人，有时我们很难认清自己。在学前教育研究中，通过跨国比较、跨文化比较、跨学科比较、跨地区比较，可以找出一些共同的问题，发现哪一些是本国、本地的特殊问题，因而能更好地认清本国、本地的教育状况，有效地推动教育的发展。

（三）为教育政策的制定提供依据

"他山之石，可以攻玉"。教育政策的制定是一个复杂的过程，涉及诸多因素。为使决策科学合理就必须对各种因素有一个全面的认识，这就需要进行古今比较、中外比较等多种比较，从而使政策法规的制定符合教育规律与教育实际。例如，《幼儿园工作规程》《3—6 岁儿童学习与发展指南》等都是经过多年纵向横向多维度比较研究得出的纲领性和指导性文件。

三、比较法的类型

（一）按属性的数量，可分为单项比较和综合比较

单项比较是指按事物的一种属性所作的比较。综合比较是指按事物的所有（或多种）属性进行的比较。单项比较是综合比较的基础，但只有综合比较才能达到真正把握事物本质的目的。因为在学前教育研究中，需要对事物的多种属性加以考察，只有通过这样的比较，尤其是将外部属性与内部属性一起比较，才能把握事物的本质和规律。

（二）按时空的区别，可分为横向比较与纵向比较

横向比较是指对空间上同时并存的事物的既定形态进行比较。如教育实验中的实验组与对照组的比较、同一时间各国教育制度的比较等都属于横向比较。纵向比较即时间上的比较，是指比较同一事物在不同时期的形态，从而认识事物的发展变化过程，揭示事物的发展规律。在学前教育研究中，对一些比较复杂的问题，往往既要进行纵向比较，也要进行横向比较，这样才能比较全面地把握事物的本质及发展规律。例如，对 0～6 岁儿童发展阶段和连续性进行研究，需要对不同时期学前教

育发展水平进行跟踪，然后作自身比较，以探讨学前儿童身心发展的各个阶段和发展的最佳时期。再如，中、日、美三国幼儿园课程设计的比较研究。

（三）按目标的指向，可分为求同比较和求异比较

求同比较是指寻求不同事物的共同点以寻求事物发展的共同规律。求异比较是指比较两个事物的不同属性，从而说明两个事物的不同，以发现事物发生发展的特殊性。通过对事物“求同”“求异”的分析比较，可以更好地认识事物发展的多样性与统一性。

（四）按比较的性质，可分为定性比较与定量比较

任何事物都是质与量的统一，所以在学前教育研究过程中既要把握事物的质，也要把握事物的量。这里所说的定性比较是指通过事物间的本质属性的比较来确定事物的性质；定量比较是指对事物属性进行量的分析以准确地把握事物的变化。对学前教育研究不能盲目追求量化，教育毕竟是一个不同于工人制造产品的活动，很多东西是无法量化的。但也不能一点数量观念都没有，而应做到心中有“数”，并让数字来讲话。

四、运用比较法的条件

比较研究法广泛运用于学前教育科研实践，但并不是任何时候都能运用，只有在符合如下条件时才能运用：一是同一性，是指进行比较研究的对象必须是同一范畴、同一标准、同类事物，否则就不可以比较。二是多边性，是指比较只有在两个或两个以上事物之间才可能进行。当然，比较研究还要求从不同的角度对被比较的对象进行分析比较。三是可比性，是指被比较的对象之间具有一定的内在联系，具有某些本质上而不是表面上的共性。为了保证可比性，必须注意概念的统一。

第二节　比较法的基本步骤

比较法的运用没有一个固定的模式，但仍然有一个基本的操作步骤或者说是实施程序。下面着重介绍国内外常用的比较法的实施步骤。

一、美国贝雷迪的四阶段操作步骤

美国比较教育学家贝雷迪在《教育中的比较方法》中把比较研究法的实施分成四步：描述、解释、并列、比较。

第一步是描述。比较研究从详细描述比较的对象国的教育开始，就是说将各国

的教育制度和现状尽可能周密、完整、客观地描述出来。为此，必须收集相关的资料文献。为了得到更加确切的知识，有必要对研究的对象国进行实地考察。

第二步是解释。在对所要比较研究的各国教育加以详尽而客观的描述之后，就要对所了解的教育情况进行解释，即说明这些教育现状所具有的意义，以便不仅了解事物是怎样的，而且了解事物为什么那样，把所描述的教育现状与社会的一般现象联系起来进行思考，并说明这些教育现状所具有的多方面的意义，这就是解释阶段的目的。

第三步是并列。从严格意义上讲，比较研究从并列阶段才开始。在这个阶段，首先把前一阶段里已描述并解释过的教育事物进行分类整理，并按比较的形式排列起来。然后确定比较格局，设立比较标准，分析资料，提出比较分析的假设。

第四步是比较。对并列阶段提出的假设按照“同时比较”来证明正确与否，然后作出结论。

二、我国常用的比较法五步骤

（一）确定比较的问题

比较研究首先要明确比较什么，这是比较的前提。这一环节包括以下细节：(1) 选定比较的主题。如“幼儿园小学化倾向”等。(2) 确定比较的内容，也就是确定比较的项目。如“幼儿园小学化倾向”这个主题，我们可以从“幼儿园的要求”“家长的愿望”“小学的要求”等方面加以比较。(3) 确定比较的范围。要明确是班内比较、园内比较或是跨园甚至是跨国比较。(4) 供比较的材料要有可比性。可比性是指比较对象之间应具有一定的内在联系，具有某种比较的共同基础，没有共同性的材料是无法比较的。坚持可比性是比较法的基本要求。

（二）制定比较的标准

没有标准就无法进行比较。比较必须有统一的标准。统一的标准就像是一把尺，只有用这把统一的尺去度量不同比较对象才能得出比较的结果。没有统一的标准，所作的比较就是不准确的、无价值的。比较的标准可根据实际情况制定，但无论何种情况都要求明确化、具体化，即具有可操作性。

（三）收集资料并加以分类、解释

供比较研究的资料必须具有权威性、真实性，最好是第一手资料，而且要具有代表性、典型性，能反映普遍的情况，能反映事物的本质。在解释资料时要根据当时当地的客观实际，运用科学的理论加以全面的分析，并保证解释的客观性。比较的材料不真实，比较的结果必定不可靠。但是有时比较的材料是客观真实的，可得出的结论却是不正确的，这种偏差主要来自研究者对材料的理解和把握。因此在材料真实可靠的基础上，还要求研究者准确理解材料。

（四）比较分析

这是比较研究过程中最重要的一步，在这个阶段要对收集到的材料逐项按一定的标准进行比较，并分析产生差异的原因，而且尽可能作出评价。事物不仅有现象的异同，更有本质的异同。比较时应以客观事实为基础，对所有的材料全方位、多角度、客观、深刻地分析其本质。

（五）得出结论

通过对材料的分析比较得出结论，并对所得的结论进行理论和实践的论证。

以上就是比较研究的一般步骤，这些步骤是相互联系、环环相扣的。确定比较的问题是运用比较研究法的前提；比较的标准是运用比较研究法的依据；材料的分类与解释是运用比较研究法的基础；比较分析是运用比较研究法的重心；得出结论是运用比较研究法的目的。比较研究不是为了比较而比较，而在于探索教育规律并得出符合客观实际的结论。

思考与实训

1. 运用比较法需要哪些条件？

2. 请就“幼儿发展目标”这一主题，对《幼儿园工作规程》《幼儿园教育指导纲要（试行）》《3—6 岁儿童学习与发展指南》进行比较。

3. 你个人认为，比较法能否成为一个独立的研究方法？

拓展阅读

[1] 陈时见，徐辉．比较教育的学科发展与研究方法 [M]. 北京：商务印书馆，2006.

[2] 冯增俊，陈时见，项贤明．当代比较教育学 [M]. 2 版．北京：人民教育出版社，2015.

[3] 霍力岩，等．学前比较教育学 [M]. 3 版．北京：北京师范大学出版社，2018.

[4] 教育部基础教育司．《幼儿园教育指导纲要（试行）》解读 [M]. 南京：江苏凤凰教育出版社，2017.

［5］李季湄，冯晓霞．《3—6 岁儿童学习与发展指南》解读［M］．北京：人民教育出版社，2013.

［6］王承绪．比较教育学史［M］．北京：人民教育出版社，1999.

［7］王承绪，顾明远．比较教育［M］．5 版．北京：人民教育出版社，2015.

［8］周兢．国际学前教育政策比较研究［M］．上海：华东师范大学出版社，2012.

第九章　学前教育个案研究法

【本章概要】

个案研究属于质的研究方法中的一种。个案研究通常被看成是自然主义的、描述性的、质的研究，与实证主义的、验证性的、量的研究相对应。本章主要介绍了个案研究法的含义、特点、类型、原则和基本步骤等，帮助同学们初步了解如何在实践中运用学前教育个案研究法。

第一节　个案研究法概述

一、个案研究法的含义

学前教育个案研究法是指选定学前教育中的一个典型的人、一个突出的教育问题或一个有代表性的教育团体或机构作为研究对象，收集关于这个研究对象的一切相关资料，进行全面、详细、深入的分析研究，探索造成某种特殊状况的原因，作出解释，从中揭示其发展变化的基本规律，并在此基础上提出具有针对性的教育方法和措施，促进研究对象发展。由于个案研究常常需要追溯研究对象的背景材料，了解其发展变化的历史，因此，个案研究法又称为个案历史研究法。

二、个案研究法的特点

（一）研究对象的个别性与典型性

学前教育个案研究的对象既可以是某个学前儿童或学前教师，也可以是某个学前教育团体或机构。个案研究的对象不是完全孤立的个体，而是与其他个体相联系的，是某一个整体中的个体，能够反映某一群体的共性。对这些典型的个别对象的研究必然能在一定程度上反映其他个体和整体的某些特征和规律。

（二）研究内容的深入性和全面性

由于个案研究对象较少，研究时间较为充裕，在个案研究时更为注重对与个案有关的事件进行深入、系统、全面的调查，不仅需要了解其现状、发展变化的历史背景，还需要把握其发展的过程及发展过程中出现的各种问题，因此，个案研究常常需要持续较长的时间，甚至需要追踪研究。

（三）研究方法的多样性和综合性

个案研究拥有自己的研究方法，但是它本身又不是完全独立的研究方法。为了收集更多、更全面、更翔实的个案资料，就要从多个角度去把握研究对象的发展变化，结合观察法、调查法、实验法、测验法等多种研究方法，综合运用各种研究手段。

可见，个案研究法的优势就是普遍性和特殊性相结合、规模小易操作、方法灵活多样、研究内容和过程没有时间限制，有利于因材施教和深入研究。不足是定性分析的结果难以量化和标准化；研究结果缺乏代表性；研究费时费力，而且一旦研究条件发生变化有可能会使研究工作半途而废；个性多，共性少，主观性较强；研究结论的参考性小。

三、学前教育个案研究法的意义

个案研究法所具有的独特的诊断作用，是其他任何研究方法都无法比拟的。首先，学前教育历来重视学前儿童的个体发展和个别差异，通过个案研究能够更明确、更翔实地描述学前儿童的个体特征，有助于因材施教，促进学前儿童全面发展。其次，学前教育个案研究能够用具体的事例来解释说明某种抽象的理论观点，为进一步丰富理论提供依据。再次，个案研究的结论在可能的情况下可以适度地推广到更大的同类群体当中，更进一步地描述个体或事件的发展趋势和走向，为以后的研究作好准备。由于学前儿童的可塑性较大，身心发展处于关键期，运用个案研究法不仅可以帮助教师及时了解学前儿童的发展变化情况，而且能更好地矫正学前儿童身心发展过程中出现的问题。

四、个案研究法的类型

（一）根据个案研究的方式分类

1. 综合性个案研究

综合性个案研究是指研究者对选定的研究对象进行全面系统的研究。德国心理学家普莱尔以他自己的孩子为研究对象，从其出生起直到三岁，每天对其身心发展的各个方面进行系统的观察和记录。他把这些研究资料整理出来，后来写成了《儿童心理》（1882 年出版），为科学的儿童心理学奠定了最初基石。我国著名幼儿教育家陈鹤琴先生以其长子陈一鸣为研究对象，从其出生后连续作了 808 天的观察记录，内容也涉及孩子身心发展的方方面面。此外，陈鹤琴先生还以自己的几个子女为观察对象进行全面的个案研究，总结出了有关幼儿家庭教育的不少宝贵经验和原则。

2. 专题性个案研究

专题性个案研究是指对研究对象的某一方面或某一现象进行多层次、多角度的专门研究，主要用来考察某些优秀或特殊个案，探索个案的经验教训或存在的问题等，对其进行分析、研究、探讨，以求对其他类似案例研究带来一定启发。

（二）根据个案研究的目的分类

1. 诊断性个案研究

诊断性个案研究主要是对研究对象的现状作出判断，如研究某个特殊学前儿童的发展水平，或是研究学前儿童的某种问题行为。如果我们要对某个幼儿教师的教学进行诊断性个案研究，通常可以借助于现代化的教育技术与手段来收集资料。

2. 借鉴性（指导性）个案研究

借鉴性个案研究是指研究学前教育中成功的案例是如何体现教育改革观念和措施的，然后将研究成果推广到学前教育实践中。例如，幼儿园以教学名师的经典教学范例为研究对象，剖析成功范例，吸收其精华，找到教育改革的新途径。

3. 探索性个案研究

探索性个案研究通常是用于一些大型研究的准备阶段的尝试研究，为了使大型研究少走弯路，可以先在小范围内选择个别对象或个别群体进行探索，在此基础上可以澄清一些困惑、找到有效的方法手段，为后面大型研究的开展提供参考经验，使其少走弯路。

（三）根据个案研究持续时间及时间方向分类

1. 个案追因研究

个案追因研究是指在某种教育现象发生之后，研究者运用各种手段收集关于该教育现象的各种资料，对其发生或形成的原因进行追溯和探究的研究。这种研究是由结果去追溯其发生原因的研究过程。时间侧重于以前。

2. 个案现状研究

个案现状研究主要用来考察个案研究对象的某方面心理或行为问题的现状。由于人的发展是一个连续的过程，任何现状的出现都经历了一个从量变到质变的过程，是有其历史原因的，因此在对个案研究对象的现状进行分析把握时，通常也要考虑问题产生的缘由，以便更好地理解其当前的状况。时间侧重于现在。

3. 个案追踪研究

个案追踪研究是指对个案的研究不是仅仅停留在对其目前状况的把握上，而是随着时间的推移，关注个体的发展变化，持续不断地对个体的发展过程进行纵向的研究。时间侧重于以后。

（四）根据研究对象的不同分类

1. 个人个案研究

个人个案研究是指以单个个体为研究对象（如学前儿童、教师），通过访谈、问卷调查、测验或是对作品、自传、观察记录等相关资料的分析，对该个体特殊的历史、现状以及后来的发展进行研究。例如，对具有攻击性的学前儿童进行个案研究，对智力超常的学前儿童进行个案研究，对某个特级教师的成长过程进行个案研究等。

2. 机构个案研究

机构个案研究是指以学前儿童的家庭、学前教育机构等单位为研究对象进行的研究。机构个案研究一般涉及该家庭或学前教育机构的基本情况、教育目的、教育任务以及为实现教育目的所采取的一些典型做法和教育措施等。如某个学前教育机构教育教学改革的个案研究，某个家庭对学前儿童进行理财教育的个案研究等。

3. 团体个案研究

团体个案研究是指以学前教育中具有同一特征的群体为研究对象进行的研究。团体个案研究一般涉及的人数比较多，如对某市的幼儿园特级教师进行研究，揭示其专业成长轨迹中的一些共同特征。以某所幼儿园为团体，对其中的小、中、大班学前儿童的生活自理能力情况进行调查研究也属于团体个案研究。

五、个案研究法的原则

（一）谨慎性原则

谨慎性原则是指进行个案研究时必须慎重对待研究对象和研究资料，注意材料的报道是否经过了研究对象的许可、是否涉及研究对象的秘密和隐私。在对个人进行个案研究时，应注意取得研究对象的信任和支持，并对研究对象表示尊重。

（二）综合性原则

综合性原则是指研究者在运用个案研究法时，首先，受研究问题独特性的制约，需要综合运用调查法、测验法、文献法等多种方法；其次，在收集相关的材料时，研究者常常需要收集研究对象综合方面的材料；再次，研究者对个案的诊断涉及身心问题等各种影响因素，必须有机地将各方面因素综合起来考虑。

（三）灵活性原则

灵活性原则是指要做到以下几点：首先，研究者要根据研究任务和研究内容的实际变化和需求，灵活处理研究过程中出现的各种变化，尤其是在访谈时出现的各种没有预计到的变化。其次，对于学前教育研究中的不同问题、不同研究阶段以及不同的研究对象，研究者应根据需要和进展，及时调整下一阶段的研究任务和内容。再次，研究者要及时选择和变换更为恰当的研究方法。个案研究由于研究对象具有单一性，其研究过程可根据研究者的需要作调整，体现出灵活的特点。

第二节　个案研究法的基本步骤

一、制订个案研究计划

制订个案研究计划包括确定研究对象、研究目的、研究内容和范围、研究方式方法、研究准备、研究步骤。例如，研究一名问题学前儿童，需要着重考察其目前的心理状况和以往的成长史；研究一名学前儿童的动作发展，则应运用追踪研究，选择适宜的调查方法，确定调查范围以及追踪观察的时间间隔与步骤安排等一切事项。

二、收集个案资料

（一）个案资料的内容

研究目的不同，要收集的资料也就不同。个案资料所涉及的内容十分丰富。一般来说，学前教育个案研究主要收集以下几个方面的资料：（1）反映研究对象基本情况的资料；（2）反映研究对象活动和成长过程及发展状况的资料；（3）反映研究对象所在单位（或团体）情况的资料；（4）反映研究对象家庭与社会背景的主要资料。

（二）个案资料的来源与收集

收集全面的研究资料是个案研究有效性的重要保证。尽量全面地收集个案研究资料有助于研究者对个案的历史与现状有一个比较完整、客观的认识。资料的来源大致有三种：第一种为个案本身的资料，第二种为教育机构记录，第三种为家庭和社会背景资料。同时，研究者还应在资料收集过程中边收集、边整理、边分析。因为学前教育个案研究中的资料往往是零散的，而且会出现不同来源的资料相互矛盾的情况，及时整理和分析有助于研究者进一步明确下一阶段收集资料时应掌握的方向和应注意的问题。

（三）重视材料的鉴别工作

在学前教育个案研究中，为了获得真实可靠的研究资料，研究者需要注意以下几个方面的问题：第一，沟通交流的态度要诚恳友善，亲疏恰当，要努力通过言语技巧，消除研究对象不切实际的幻想，使谈话具有真实性；第二，要耐心倾听，机智把握谈话方向并把谈话引向深入；第三，做好详细的谈话记录。

三、整理分析资料

学前教育研究领域中的大量研究活动都各有自身的特点，材料也比较零散、复杂、多样化。个案研究资料的收集，可采用多种不同的手段和方式来进行。学前教育个案研究是在全面收集、分析研究对象的相关资料的基础上揭示研究对象身心发展特点与规律的，因而常常需要综合运用各种手段，主要有观察、访谈和问卷调查、测验、作品分析、教育会诊等方法。由于个案研究是定性研究，在个案资料的收集、研究对象的陈述、他人的判断以及研究者的决策等方面会存在一定程度的主观因素，如果判断错误或者处理不当，会使研究对象蒙受损失，因此在得出结论前特别要注意对个案研究进行自我检测，鉴别、修正不真实、不客观的资料。

四、个案的补救矫正与发展指导

个案的补救矫正与发展指导是指研究者根据对研究个案的分析、诊断，针对问题提出恰当的解决措施或方案，对研究个案进行矫正或发展指导的教育。对学前教育研究个案的补救矫正和发展指导行为，主要涉及两个方面：一是改善和疏导那些不利于研究个案发展的外部条件，发展有利于促进个案发展的外在条件，例如，父母树立正确的教养态度，儿童之间建立良好的人际关系等。二是通过引导学前儿童内在因素的积极发展，如提高学前儿童的心理健康水平，改善和发展其良好的情绪等。

五、追踪研究

由于对个案的发展指导受多种因素的影响，所以研究者对个案进行诊断矫正与发展指导，在短时间内是不可能有效果的。而且，个案研究本身是一种深度研究，只有对研究对象进行长时间的追踪调查，研究者才有可能正确认识研究对象，了解其发展变化的规律。例如，美国心理学家特曼（R. M. Terman）从 1921 年开始进行一项著名的对天才儿童的纵向个案追踪研究，最初每隔 5 年向被调查的天才儿童发放一次调查问卷，了解每个被调查者的发展情况，后来每隔 10 年发放一次问卷了解被调查者的情况。该项研究进行至被调查者年迈。该项研究的组织者和团队认为，只有经过长期的反复追踪调查，才能收集和积累较为系统的关于天才儿童发展的资料，才能科学揭示天才儿童的心理发展规律。所以，个案研究在实施矫正或发展指导教育之后，还要继续进行追踪调查，以考察矫正及指导教育的实际效果。如果问题已经解决，个案研究才能结束；如果问题仍然存在，个案研究还要重新进行诊断，具体的措施要随着个案的发展变化而不断进行调整。

六、得出研究结论，撰写个案研究报告

研究者应对研究资料进行深入的分析研究，从中取得有统计价值的数据资料，形成有关个案的科学结论。研究结论形成后，就应该撰写研究报告。学前教育个案研究报告是研究者总结和呈现研究内容、研究方法、研究过程以及研究结论的综合性研究文献。个案研究报告的表达方式多种多样，主要有描述性报告、简介性报告、分析性报告三种类型。一份完整的个案研究报告，由以下几部分构成：

（1）概述。主要包括研究对象的基本情况。

（2）特殊表现的基本描述。主要包括研究对象的特殊表现，如问题学前儿童的问题行为表现、超常学前儿童的智力超常表现等。

（3）特殊表现的原因探索。谨慎而深入地分析导致这种特殊表现出现的原因。

（4）分析与讨论。通过对所收集的资料的分析，对结果进行原因分析。这一部分涉及对学前儿童具体的矫正指导措施、方法和过程。应特别注意抓住问题和研究的重点，对材料和结论的运用应精练，还要善于运用实例和有关的图、表等，保证报告生动具体。

（5）小结与建议。通过分析，得出一般性的结论，然后有针对性地提出一些教育建议。这一部分涉及矫正、辅导效果的反馈及修正。

思考与实训

1. 在幼儿园教育实习过程中，选择一个你感兴趣的研究问题，设计一份学前儿童个案研究方案。

2. 尝试通过不同途径收集某个个案的资料，对收集到的资料进行分类整理。

3. 撰写一份学前儿童个案研究报告。

拓展阅读

［1］莎兰·B. 麦瑞尔姆．质化方法在教育研究中的应用：个案研究的扩展［M］. 于泽元，译．重庆：重庆大学出版社，2008.

［2］蔡军．学前教育科研方法［M］. 西安：陕西师范大学出版社，2013.

［3］陈向明．教育研究方法［M］. 北京：教育科学出版社，2013.

［4］王彩凤，庄建东．学前教育研究方法［M］. 北京：北京师范大学出版社，2011.

［5］郑健成．学前教育研究基础［M］. 北京：北京师范大学出版社，2014.

［6］张宝臣，李兰芳．学前教育科学研究方法［M］. 2 版．上海：复旦大学出版社，2012.

第十章　学前教育实物分析法

【本章概要】

实物分析法也是质的研究的一种重要方法，它可以让研究者获得与观察和访谈不同的信息与观点。本章主要介绍了实物分析法的含义、意义、特点、实物类型、基本步骤等。

第一节　实物分析法概述

一、实物分析法的含义

实物分析法是指通过收集能够正确反映研究对象情况的实物进行分析研究的方法。实物包括所有与研究问题有关的文字、图片、音像、作品等。它可以是人工制作的东西，也可以是经过加工的自然物；可以是历史文献（如史料），也可以是现时的记录（如教育随笔、作息时间表、学前儿童作品等）；可以是文字资料（如相关文件、参考书、课表、教育博客等），也可以是影像资料（如照片、录像、录音等）。

二、学前教育实物分析法的意义

（一）有利于深入了解学前儿童信息，促进学前儿童健康发展

学前儿童研究中的分析，可以是个案分析，也可以是群体分析。实物中有研究

对象自觉意识到的一些东西，也有传统文化等积淀于研究对象意识深处的观念，即使研究对象没有意识到，也必然地存在于实物当中。与其他研究方法相比，实物分析法更容易排除因学前儿童防范心理而导致的信息失真，也更容易发现他们潜意识中的文化积淀和心理现象。例如，教师或心理医师一般通过观察学前儿童的绘画作品，发现其心理特点，从而有利于准确有效地“对症下药”，而这些问题是学前儿童并没有主观意识到或者不愿意讲出来或者讲不清楚的。这时，可以给他们一张纸、一支笔，让孩子在上面随意涂鸦，随意绘画。这种绘画往往能够反映出学前儿童最隐秘的心理，投射出其潜意识中的问题，可以作为一种参考指标成为其心理状态评估资料的补充。

（二）有利于全面了解学前教育现状，提高学前教育质量

采用传统的观察法和访谈法固然可以获得一些学前教育的信息，但若要深入了解教育教学中存在的问题，对实物（如教师的教案等）的分析也是必不可少的。例如，通过园长的工作总结计划、幼儿园规章制度等可以了解幼儿园的管理工作；通过教师的教学计划总结、教育笔记、班级环境布置等可以了解教师的教育理念和教育方法特点，以便教师在以后的教育教学中完善、提高教育质量；通过学前儿童的手工作品、绘画作品、建构作品等可以了解学前儿童的学习、发展状况和存在的问题等，从而提出有针对性的措施，提高教育质量。

（三）有利于通过资料的互补，提高研究的科学性

从研究的信度考虑，实物分析还可以用来与通过其他方法获得的材料进行相互补充和相关检验。例如，我们在研究中可以将这种方法作为重要的辅助手段，可以验证其他数据的真实程度，从而保证研究结果的准确性。例如，在对一位学前儿童教师进行访谈的时候，她说每天都坚持给班上的孩子记成长日记，却无法提供任何记录。通过实物分析获得的数据比通过观察法和访谈法获得的数据更真实、鲜活，更具有说服力，可以表达一些语言无法表达的思想和情感。

三、实物分析法的特点

（一）资料收集的间接性

实物分析法是以与研究问题相关的实物为中介，通过对实物全面、深入、细致的分析，从而推断出研究对象的现状、特点及存在问题等，因此具有间接性。间接性可以超越时间和空间的局限，例如，古今中外人的心理活动或者思想特点都可以通过分析他们的活动产品，如著作、书法、绘画、言论等来加以分析研究。学前儿童虽然年龄比较小，但他们有自己的思想和行为，研究人员正面接触学前儿童可能

会使其感到陌生，在研究过程中产生“掩蔽”现象，不易获取真实的信息。而实物分析法是一种非接触式研究方法，可以有效避免“掩蔽”现象，从而获取真实可靠的信息。因为研究对象在创作作品时并不知道要求他完成作品的真正意图，往往只关注自己完成作品的过程和结果，这样可以降低防范心理。但是前提条件是保证作品是由研究对象本人独立完成的，而不是由别人代劳或指导从而体现了他人的心理。

（二）适合小样本研究

由于实物分析法要对研究对象的相关作品进行深入分析，而作品之间的个体差异显著，所以分析每一件作品所需要的时间都较长。如果研究的样本过大，必然导致研究周期延长，等到研究结果出现时，研究对象的情况可能已发生了新的变化，无法及时反映学前儿童当时的心理状态。如果为了节省时间，多个研究人员同时参与分析，会由于研究人员掌握的标准不同而出现较大误差，使材料可比性下降。所以实物分析法更适合小样本研究。

（三）资料分析的主观性

在学前教育研究中，学前儿童内隐的或是无法用语言很好地阐述表现的知识、技能和心理特点等信息，需要研究者“解读”。不管研究者怎么力图客观、真实地再现实物所代表的意义，研究者的研究目的以及研究者自身的阅历、理解能力、价值倾向、专业知识和技能、理论素养等主观因素都会对实物分析的视角和分析结果产生影响。此外，由于实物分析法分析指标预先确定，分析维度固定，因此在实际运用中对于出现的新情况、偶发事件等较难灵活处理。换句话说，同一件实物被不同研究者从不同的视角、层次、目的、情境下分析后，结果可能差异很大，表现出较大的主观倾向性。

四、学前教育研究中的实物类型

在学前教育研究中，根据实物呈现形式的不同，可将实物分为以下四种类型：作品、语言文字资料、影像资料、各种调查结果。四个类别的实物并不是截然分开的，在很多情况下，它们都是融合在一起的，如学前儿童的作品中会有教师的记录。研究者应该根据自己的研究需要收集实物。

（一）作品

1. 学前儿童作品

学前儿童作品根据其体现形式可分为以下四种：（1）语言作品，是指学前儿童描述的故事或事件的文字记录、自编故事、各种记录单、自创的书写符号等。主要分析学前儿童语言的基本表达能力、事件表达能力、语言创新能力、想象能力等心理特征。(2) 建构作品，是指学前儿童用建构游戏材料（如泥塑、积木、积塑、泡泡泥等）搭建而成的作品。主要分析学前儿童对制作原理的掌握程度、建构作品的创意水平、部件及其关系的协调程度、材料选用及外观等。(3) 美工作品，是指学前儿童的绘画、手工作品。绘画作品分析内容包括构思、构图、比例、明暗、颜色搭配、填涂等。手工作品分析内容包括材料与形式对主题的表现水平、部件质量及其关系的合理程度、颜色搭配的协调程度、作品细节的表现程度、作品的外观等。(4) 其他作品，是指学前儿童探究事物、创编舞蹈、表演、游戏等活动的照片、录像带等。

2. 教师作品

教师作品主要体现在幼儿园班级环境的创设上，幼儿园的班级环境创设在一定程度上体现了教师的教育理念、个人爱好和性格特征等。幼儿园的班级环境创设包括班级内的墙饰、吊饰、各个活动区的创设，活动区游戏材料的投放，班级的名称设计等。例如，我们在观察一个班级的墙饰时，如果发现墙饰做得非常漂亮、精致，但基本上都是教师的美工作品，孩子的作品很少，就可以推测，该教师所理解的“以儿童为中心”的观念也许和教育纲要中所倡导的还有一些差距。需要注意的是，学前儿童创作的各种作品也是研究教师必不可少的实物，因为这些作品大多是在教师的指导下完成的，它们在一定程度上也反映了教师的教育水平、教育倾向等。

3. 园长作品

整个幼儿园的环境布局和创设、园长室的陈设等，在一定程度上反映了整个幼儿园的特色，以及园长个人的心理特征、教育观、儿童观、课程观等。例如，有的幼儿园专门开辟了“地方长廊”，陈列具有本地特色的东西，供幼儿在游戏时使用和观看。这便可以看出这些园长很重视让幼儿了解本地文化，重视运用本地文化为幼儿园服务，使幼儿在幼儿园环境中潜移默化地感知和学习本地文化。

（二）语言文字资料

1. 学前儿童的语言文字资料

学前儿童的语言文字资料主要包括学前儿童描述的故事或事件的文字记录、自编故事、各种记录单、自创的书写符号等，这些都反映了学前儿童基本的语言表达能力、语言创新能力和想象力等。

2. 家长的文字资料

家长的文字资料主要包括孩子的生长发育过程的记录，家庭生活中发生的一些与学前儿童有关的教育事件、趣事的记录，家长对于教育问题的思考的记录等。从中我们可以了解孩子的成长过程和发展状态，也可以了解家长的儿童观与教育观、家庭的教育氛围、亲子关系等。

3. 教师的文字资料

教师的文字资料既包括教师工作记录，如教育日志、教学札记、教案、教学计划、教学反思、听课笔记、会议记录等，也包括为学前儿童所作的活动观察记录、成长记录等。前一类文字资料可以反映出教师的教育观、教学思路、个人教学风格、学习习惯等，后一类文字资料则可以为我们了解学前儿童的成长历程和发展状况提供帮助。

4. 园长的文字资料

园长的文字资料主要包括教育行政管理部门存档的个人材料（如工作履历表、任职证明、获奖证明等）、园长本人保存的一些文字资料（如平时的工作总结、工作计划、听课笔记、会议笔记、发表的文章、园长颁布的幼儿园规章制度）。收集这些实物将有助于研究者从侧面了解该幼儿园内部的管理方式、领导风格、工作经验等方面的情况。

5. 家园联系手册

家园联系手册是系统记录学前儿童发展状况和成长过程的一种最方便、最直接、最具体的文本形式，不仅能反映学前儿童在园学习、生活和游戏等方面的表现，而且能让我们了解学前儿童在家的情况，从而全面反映出学前儿童的整体发展水平。此外，也可以让我们了解家长的教育观、儿童观、困惑以及教师和家长的互动模式等。

（三）影像资料

影像资料是指拍摄的照片、录音或录像等。幼儿园里幼儿的很多立体作品（如用积木堆的建筑）创作活动、六一儿童节活动、新年活动、毕业汇报演出等探索过程以及学前儿童生活中很多有趣的事情是无法保存的，这就需要教师把它们拍摄下来。在质的研究中，影像资料被认为是十分有价值的实物资料，可以为研究者提供十分丰富的信息。

（四）各种调查结果

调查结果主要是指各种正式的或非正式的调查表、记录表等。例如，学前儿童的测查资料，是指学前儿童的动作、体能和认知发展，生活卫生习惯，早期阅读兴趣等发展情况的测查结果；再如，家长的调查资料，是指幼儿园对幼儿家长进行调查获得的资料，从中可获得学前儿童的相关信息，还可以了解到幼儿园与家长的互动方式等。

第二节　实物分析法的基本步骤

一、明确具体研究目标

研究人员应首先根据课题研究的目标，明确本次分析的具体实物，确定想获得学前儿童哪些方面的信息。在实物分析法中，具体研究目标一般涉及三个方面：情绪情感表现与特点、技能与特点、认知水平与特点。

二、确定分析指标

实物分析指标应从具体研究目标中剖析出来，可以先确定一级指标，再确定二级、三级指标，每一级指标都要比上一级指标更详细。这里的指标也可以理解为评价标准。每个等级都要赋予具体的描述定义。

三、选择作品抽查方法

作品抽查方法按照其抽样范围可以分为三种：（1）总体抽查，即对全体学前儿童的作品进行检查，常用于分析某一个具体年龄段的学前儿童在某领域发展的共性。（2）分类抽查，即首先确定分类标准及类别，再从每类中随机抽取部分学前儿童作品进行分析。研究人员应根据研究环境、时间、研究对象等实际情况灵活使用。（3）个别抽查，即对特殊作品可以单独进行分析和研究，同时可以对个别案例进行追踪抽查。

四、收集实物

（一）收集实物的过程

收集实物时可以根据研究需求收集已有实物，也可以现场向学前儿童布置任务及相关要求。要求学前儿童现场完成作品时，将作品的操作性任务交代清楚即可，以避免暗示效应所带来的信息失真。学前儿童在了解任务的基础上充分发挥个体主体性，形成不同风格的作品。要求越少，学前儿童自由发挥的空间越大，作品分析的内容就越具体，以利于全面、深入地了解学前儿童的发展状况。作品的完成时限一般不宜过长，如果时限过长，注意力容易分散。

（二）收集实物的基本原则

1. 征得当事人的同意

收集实物的第一步是获得当事人的同意。当事人如果是成人，可以直接征询当事人的意见，如果是学前儿童，就必须征得其监护人的同意之后才可以收集。研究者先向对方表明自己的研究目的，并向对方承诺研究资料的保密原则、研究结果的分享原则，认同对方有选择更改自己想法的权利等。如果遭到拒绝，绝对不可以强求对方同意，无论研究者自认为该研究多么重要，也没有权力要求别人必须当研究对象。收集实物可以有多种不同的方式，如直接将实物拿走、借出、复印或拍摄下来等。

2. 明确收集实物的目的

为了明确目的，研究者要经常问自己如下问题：为什么要收集这些物品？这些物品可以解答我的哪些问题？这些物品如何与其他渠道获得的资料相补充？它们与其他资料有何异同？我将如何分析这些物品？我的理论分析框架是什么？通过反复思考这些问题，研究者不仅可以将思路时刻聚焦在研究的核心问题上，而且可以在收集实物资料的同时就开始酝酿自己的理论假设和分析框架。

3. 鉴别实物的真实性

研究者需要特别关注的一个问题是要鉴定实物的真伪，确定其客观真实程度，避免夸大或者缩小情况。如果实物的真实性存在问题，不但收集实物的工作没有意义，甚至整个研究的信度都会受到影响。

五、整理与分析研究资料

对收集到的实物资料应及时进行整理，对每一份资料进行编号，以便比较系统地把握已知信息，并为下一步分析提供依据。实物资料的整理和分析并不是截然分开的，往往是边分析边整理，边整理边分析。

（一）实物分析的原则

1. 考察资料本身的“倾向性”

任何实物都是一定情景下的产物，它的产生受制于作者当时所处的时间、空间、心理状态等因素的影响。在面对实物时，研究者需要不断追问和思考以下问题：这件实物是谁制作的？是如何制作的？是在什么情况下制作的？制作的目的是什么？谁在使用它？为什么使用它？如何使用？使用结果是什么？这件实物中记载了什么？什么被省略掉了？以上问题能将研究者代入到实物中，透过实物表面设身处地去分析其深层的内涵。

2. 审视研究者自己的“倾向性”

由于实物不能自己说话，必须由研究者进行分析，而研究者对实物的分析受自身主观因素的制约。因此，研究者在分析实物“倾向性”的同时，也要审视自己的

“倾向性”，不断地提醒自己从以下几个角度进行自我反思：我收集的是哪些方面的实物？我为什么要研究这些实物？我可能得出哪些方面的结论？有可能出现哪些偏差？别人研究的话会得出什么结论？反思过程实际上是研究者对自身“倾向性”的自我监控。

3. 运用专业知识对实物进行分析

在具体的研究中，对一些实物不能只凭借平常的视野进行分析和解释，研究者还必须借鉴一定的专业知识，往往研究者的专门化知识越多，对实物的分析就越深入透彻。例如，我们在分析学前儿童的美术作品的时候，就可以借鉴专门的美术知识，不同的色彩、线条能反映出作画者不同的性格特征和喜好及当时的情绪。

（二）实物分析的维度

1. 内容

作品内容的正确性是指学前儿童完成作品的正确程度，是学前儿童知识经验水平与应用水平的集中反映，是实物分析法的重要指标。通过对内容正确程度的分析，研究人员可以清楚地了解学前儿童在学习与发展过程中对知识、技能、重点、难点、关键点的掌握程度，从而判断学前儿童的发展水平。

2. 形式

形式是作品表现主题的方式，反映了学前儿童的想象力、创造力和对任务完成方式的理解。例如，在以“花”为主题的绘画活动中，有的学前儿童用蜡笔画，有的用铅笔画，有的用手撕等；有的学前儿童的作品是一朵花，有的是一束花；有的学前儿童的作品是单颜色，有的则颜色丰富多彩。可见，同一主题，不同的体现形式反映出他们不同的感知觉、记忆、想象、思维、语言、情绪情感、意志以及个性心理等方面。

3. 时间

这里的时间是指学前儿童完成作品的时间与质量的关系。在正确完成作品的基础上，学前儿童完成作品所用时间的多少反映了其能力的强弱，因此应将其完成作品的时间与作品质量综合起来加以分析。

4. 能力

人的能力的形成与发展主要是通过解决问题来实现的，而评价一个人的能力也主要根据他所解决的问题的难度、速度以及程度来进行。不能简单地将完成作品的时间多少与学前儿童的能力强弱画等号。也就是说，在总体中、在单位时间内以最少的时间正确完成了作品的学前儿童的能力比较强。

5. 性格

通过运用专业美术知识和学前儿童心理学的有关知识对学前儿童的绘画作品进行分析，我们可以获得对学前儿童的性格特征、情绪情感等特点的了解。实物分析法中对学前儿童性格的研究主要侧重于了解学前儿童在性格方面存在的缺陷以及所表现出来的消极态度和问题行为，以便分析成因并进行矫正。在这方面，中国台湾学者郑明进有比较集中而明确的研究结论。

在实物分析法的实际运用过程中，以上几个问题往往交织在一起，研究人员应加以综合考虑。

（三）得出结论

在对研究资料进行整理与统计、分析与综合、抽象与概括之后便可得出科学的研究结论。在运用实物分析法的一轮研究结束后，会发现一些新问题，而这些新问题即成为新一轮实物分析所要研究的问题。这样不断衔接，不断产生新的研究成果。

六、分析报告的表达

（一）语言形式

在原始资料的基础上，就有关主题进行口头汇报是一种重要的表达方式。可以将得出的分析结论用语言形式表达出来，如口头汇报、讲座、研讨等。

（二）文字形式

文字形式比起语言形式更利于记录、存档和回看，也更加正式。分析型备忘录是最常用也是最重要的一种文字形式之一。在备忘录中，研究者应反复问自己以下问题：我研究的核心概念是什么？这个概念表达的是一个什么问题？我有哪些资料可以说明这个问题？对这个概念是否可以有其他不同解释？如何处理这些不同解释？除了用文字，我们还可以用各种图表的方式简洁、直观地展现出资料的内容和其中蕴含的各种意义关系。在画这类图表时，我们应该关注以下几个问题：这个图表是否可以表现出资料的内容？资料的各个部分之间是什么关系？图表通常是边思考边设计出来的，设计图表本身就是一个思考的过程。

（三）其他形式

当然，任何一种表现形式都不是孤立的，可以根据具体研究需求灵活地、综合地选择表达方式。必要时还可以使用语言与文字提纲组合等多种形式。

思考与实训

1. 收集一个学前教育研究中运用实物分析法的案例。
2. 制定一份实物分析指标，领域和年龄任选。
3. 收集一组学前儿童手工或者绘画作品并进行分析，写出一份分析报告。

拓展阅读

[1] 孔起英．学前儿童美术教育［M］．南京：南京师范大学出版社，1998.

[2] 蔡军．学前教育科研方法［M］．西安：陕西师范大学出版社，2013.

[3] 陈向明．教师如何作质的研究［M］．北京：教育科学出版社，2001.

[4] 陈向明．教育研究方法［M］．北京：教育科学出版社，2013.

[5] 叶澜．教育研究方法论初探［M］．上海：上海教育出版社，2014.

[6] 王彩凤，庄建东．学前教育研究方法［M］．北京：北京师范大学出版社，2011.

[7] 张宝臣，李兰芳．学前教育科学研究方法［M］．2 版．上海：复旦大学出版社，2012.

第十一章　学前教育叙事研究法

【本章概要】

教育叙事研究（即叙事研究法）是指对教育生活中富有价值的教育事件和有意义的教育现象的描述与揭示，是以多种学科理论及研究方法为基础形成的一种研究方法。它以教育叙事为载体，以人文研究为取向，以自我反思为媒介，体现了对教育活动中的私人叙事、经验叙事、生活叙事的关注，具有认识价值、成长价值、行动价值。根据叙述者与教育故事之间的不同关系，可将教育叙事研究分为展示的叙述方式和讲述的叙事方式。教育叙事研究离不开事件与主题这两个基本要素。因此，在收集和组织教育故事时，先要确认“关键事件”，然后寻找“本土概念”。收集了大量素材后，还要对资料进行编码归类，再从资料中衍生出“扎根理论”。教育叙事研究是一个由现场到文本、由经验到叙事、由叙事到诠释的过程。教育叙事研究只是多种研究方法中的一种，有其使用限度，也必须遵循研究的伦理规范。本章主要介绍了教育叙事研究的含义、特点、意义和研究步骤等。

第一节　叙事研究法概述

一、教育叙事研究的含义

教育叙事研究是指对教育生活中富有价值的教育事件和有意义的教育现象的描

述与揭示，是以多种学科理论及研究方向为基础形成的一种研究方法①。

二、教育叙事研究的特点

（一）以质的研究为范式取向

教育叙事研究以质的研究为范式取向。陈向明提出“质的研究是以研究者本人作为研究工具，在自然情境下采用多种资料收集方法，对社会现象进行整体性探究，使用归纳法分析资料和形成理论，通过与研究对象互动对其行为和意义建构获得解释性理解的一种活动”②。

（二）以教育故事为载体

教育叙事研究所叙述的内容具有一定的故事情节性。叙事反映的是特别的人和特别的冲突、问题或使生活变得复杂的任何因素，叙事研究并非记流水账，而是记述有情节、有意义的相对完整的故事。叙述者其实就是研究者，他可以是教师本人，也可以是研究教师的人。在故事的解说中，叙事者有时“在场”，有时“隐身”。

（三）以自我反思为媒介

教育叙事研究不等同于一般的教育日志或教育随笔，只叙事不议事就不是叙事研究，没有升华至研究的高度。相对于科学化的教育研究来说，教育叙事研究关注个体在教育情境中的生活体验和独特经历，揭示研究对象日常的教育生活、特定的教育环境及其对个体思想和行为的影响。教育学本质上是一门实践的学问。叙事表达不是揭示真理或发现事实，而是发掘教育生活中隐藏的无限丰富的意义。

教育叙事研究采用归纳而非演绎的研究方法，所叙述的内容是已经发生的真实的教育事件。教育叙事研究受到研究者个人倾向的影响，无法做到“价值中立”。在叙事研究中，研究者对研究问题的确定、研究者态度的选择、研究对象的角色定位、收集材料的方法、对研究结果的解释以及对研究质量的评价等，在很大程度上受到个人倾向的影响，容易带有研究者个人的主观色彩。

三、学前教育叙事研究的意义

（一）有助于在实际情境中深刻了解学前儿童

首先，教师通过叙述发生在自己周围的教育教学事件，可以真实地反映教育教

① 陈向明．教育研究方法［M］．北京：教育科学出版社，2013：257.

② 陈向明．质的研究方法与社会科学研究［M］．北京：教育科学出版社，2000：12.

学中的问题；通过对事件的深入分析，可以发现学前儿童在这一事件中所反映出的品质，这样有助于正确评价学前儿童的行为。其次，教育叙事所叙之事是真实发生的，由此得出的评价结果真实而有效，再加上教育叙事所叙之事范围广、涉及面宽、形式多样，能从不同的方面给学前儿童评价提供必要的支持。

（二）有助于促进幼儿教师的专业发展

作为研究方法的教育叙事，也是幼儿教师专业发展的重要媒介。很多幼儿教师的园本研修活动鼓励教师讲自己的故事，用叙事的方式表达自己的困惑和期望。不少教育研究者也开始使用叙事探究的方式对教师的生活世界进行研究。因此，开展教育叙事研究有利于幼儿教师将学前教育理论与保教实践相结合，提升保教工作专业化水平，在实践、反思、再实践、再反思的过程中，不断促进专业发展。

（三）使同行评价更加真实有效

同行评价对教师保育教育能力和科学研究能力的提升起着十分重要的作用。在提高教师园本科研能力的各项举措中，比较重要的是建立经常性的听课观摩制度，这有助于教师之间取长补短、共同提高。由于评价者对教育计划和教育活动的目标、内容、方式、策略、环境条件及幼儿发展状况和需要等都比较熟悉，因此他们能对教师专业能力的提高提出有价值的建议。但是，有必要先对教师进行评价训练。

第二节　叙事研究法的基本步骤

一、确定研究问题

与所有研究方法类似，教育叙事研究的过程始于一个值得探究的内隐教育问题或教育现象。尽管教育叙事研究感兴趣的现象是“故事”，但故事本身必须包含某个需要关注和探究的问题。这里需要考虑两个因素：一是所探究的教育现象与内隐的研究问题要有价值。二是具有可行性，即具备主观条件、客观条件和时机条件。

二、选择研究对象

社会科学研究一般采用抽样的方法确定研究对象。在教育叙事研究中，研究者多数时候采用目的性抽样的方式来选择研究对象。目的性抽样就是按照研究目的对研究对象进行随机抽样，从中选取一个或几个作为研究对象的个体，通过其认识所要研究的教育问题。研究对象可以是一个或几个经历了某一境遇的最具有代表性的人物，也可以是对事件产生决定性影响的关键性人物。

三、进入研究现场

在确定了研究问题和研究对象之后，研究者必须根据预设的研究思路，对研究过程、对象情境、自我身份及相互关系进行合理有效的定位，深入了解研究个体与研究环境的历史与文化，熟悉研究现场。更为重要的是，应与研究对象及其家长等主要人员进行充分的交流，将开展研究的背景、动机、目的、思路及方法告诉对方，取得研究对象及其家长等主要抚育人的认同与理解，与其建立一种相互信任的合作关系。在征得研究对象及其家长等主要抚育人的同意和配合之后，按双方议定的时间和方式进入研究现场，并在研究过程中时刻关注研究者自身的真实体验。

四、构建现场文本

研究者进入研究现场之后，通过观察、访谈，收集个体的生活经历和教育故事，形成现场文本。如果现场文本积累较少，缺乏时间的连续性和内容的延续性，教育叙事研究将无法进行。教育叙事研究现场文本的类型较多，包括：研究对象的教育故事、生活故事、自传、札记、信件、照片、录音（像）材料，及其与他人、家庭或社会互动时形成的作品、生活记录；研究者和研究对象及其家长之间的讨论、对话、访谈的文本，研究日记；研究者或参与者所作的现场笔记，有关文件、照片、记事簿；研究对象个人或者在与他人、家庭、社会的交互中形成的作品、生活记录以及信件等。

五、撰写叙事研究报告

完成叙事研究报告的过程，也就是把现场文本转换成研究文本的过程。叙事研究报告正文一般包括研究的背景和意义、研究对象的选择、研究实施过程、研究的结果与分析四个部分。一般要阐述故事发生的每个细节，突出特定故事主题的文本数据分析、教育叙事研究的重要性及操作程序（因为作为一种新的研究方法，大多数读者对它还比较陌生）等要素。需要指出的是，不单独设立文献综述部分是教育叙事研究报告撰写的一个显著特点，因为文献评述和问题研究二者已经被有机地整合到最终的叙事研究报告中，重新讲述的故事要置于研究结果与分析部分的中心。

六、确认与评估研究

在教育叙事研究过程中，研究者通常要确认他们的教育叙事研究报告的效度，即验证教育叙事研究报告的正确程度。只要与研究参与者之间存在合作关系，那么检验研究工作的正确性的检验行为就应当贯穿于整个教育叙事研究过程。常见的验证手段有：研究参与者检核、数据资料三角交叉验证、外部检核以及寻找反证。这些都是确认一份教育叙事研究报告的正确性和可信度的有效手段。

思考与实训

1. 什么是教育叙事研究？

2. 教育叙事与讲故事、电影叙事等有何区别？

3. 请以卢梭的《爱弥儿》为例，谈谈你是如何理解教育小说的叙事价值的。

4. 选择一个自己感兴趣的主题，尝试运用教育叙事研究方法开展学前教育研究，并形成研究报告。

5. 请大胆思考一个问题：我们可否将叙事研究法运用于医学，来治疗人们的身心疾病？请举例说明。

拓展阅读

[1] 蔡军．学前教育科研方法 [M]. 西安：陕西师范大学出版社，2013.

[2] 陈向明．教育研究方法 [M]. 北京：教育科学出版社，2013.

[3] 王彩凤，庄建东．学前教育研究方法 [M]. 北京：北京师范大学出版社，2011.

[4] 张宝臣，李兰芳．学前教育科学研究方法 [M]. 2 版．上海：复旦大学出版社，2012.

[5] 纳贡毕力格，阿茹娜．蒙医心身互动疗法 [M]. 武汉：湖北科学技术出版社，2016.

[6] 纳贡毕力格．心灵甘露（一）[M]. 北京：民族出版社，2015.

[7] 李明．给世界一个惊喜 [M]. 北京：民族出版社，2017.

第十二章 学前教育实验研究法

【本章概要】

教育实验法是自然科学的实验方法和教育活动相结合的产物，既具有自然科学实验研究的一般特征，又具有自身的特征，主要倾向于量的研究。它既要探求变量之间的因果关系，揭示和探讨教育的客观规律；更要改进教育实践，提高教育质量。在当代教育、学前教育的发展中，实验法已成为教育研究的重要方法，也是最为严格的教育研究方法，是研究型教师应掌握的主要教育研究方法之一。本章主要介绍了教育实验法的含义、特点、类型、优缺点和研究步骤等。

第一节 教育实验法概述

一、教育实验法的含义

实验是一个被人们广泛运用的名词，并且具有十分宽泛的含义。当人们尝试使用一种新方法或新程序去看效果如何，我们便可称其为一项实验或一个实验过程。如伽利略将两只不同重量的铁球从高处同时抛下，看哪只球先落地，这就是在做实验；爱迪生尝试用不同的材料研制灯丝，以决定用哪种材料，这也是在做实验。

实验法是指根据研究假设，运用一定的人为手段，主动干预或控制研究对象的发生、发展过程，并通过观察、测量、比较等方式探索验证因果关系的研究方法。

一个规范的实验研究应包含三个基本要素：一定的理论和假设；人为地控制某种因素（无关变量）；探讨某种因果关系（自变量和因变量）。

教育活动是一种非常复杂的活动，活动中涉及的因素复杂多样，而且各种因素之间相互作用、相互联系，而教育规律往往就隐藏在这种作用与联系之中。要揭示教育的本质规律，就必须通过控制某些因素，验证某些因果关系。而这正是教育实验研究的精神所在。

教育实验法就是指研究者根据研究假设，有目的地改变一定的教育因素，控制其他因素，观测与之相伴随的教育因素或现象及其变化，探明因果关系，验证其假设的教育研究方法。简言之，教育实验法是通过控制来寻找教育因素间内在联系的方法。

二、教育实验法的特点

（一）以假设为前提

实验法与观察法、调查法等方法的显著区别是，实验法要求在实验开始前就必须有一个明确的科学假设。实验假设是实验者在长期实践、经验积累的基础上对实验因素与教育效果之间因果关系的一种假定性的推测。科学发展的历史证明，任何一种科学理论都是经过由科学的假说到实验和实践的验证的过程才确立起来的。恩格斯说："形成假设和验证假设的过程是科学活动的核心。假设的用途在于能暗示人们哪些证据能证实它，哪些证据将驳斥它。"

教育实验假设只能从正面提出，不能从反面提出，更多的是证实，极少证伪。这是因为教育实验是教育过程中的实验，从教育的本质与人道主义出发，教育实验的假设必须符合善的要求，一切为了教育质量的提高，一切为了学前儿童素质的发展与健全。因此，教育实验应从正面进行，不能从反面进行。例如，"绘本阅读比纯文字阅读效率更高""榜样学习比说教更有利于增加学前儿童的利他行为"。

（二）控制条件是关键

与观察法、调查法在自然状态下消极等待研究现象的出现不同的是，实验法是在严格控制的条件下，人为设置某种情境，积极主动地促使某些现象、性质特征出现，进而揭示事物、现象发生的原因。在教育实验中，自变量即实验因素；因变量即实验效果，是随着其他变量变化的变量，是实验因素等变量作用下的反应，是实验的结果。如在教学方法改革的实验中，教学方法即自变量（实验因素），教学质量是因变量（实验结果），实验控制即控制除实验因素以外的其他因素（如年龄、人数、智力、学习成绩、教师水平、教材、学前儿童努力程度、教学时间等）对实验结果的影响。控制是实验法的本质特征和精髓，没有控制，也就称不上是实验。

（三）探求变量间的因果关系是目的

教育实验的主要目的是探求变量间的因果关系。因为实验过程中一切无关因素都已受到严格控制，而作用于因变量的只有实验因素，所以，这一结果是必然的，研究者可据此确定实验因素与结果之间的因果关系。要得出两类变量之间存在因果关系的结论，需要满足以下三个条件。

1. 共变关系

自变量和因变量向同一方向变化，说明两类变量间有共变关系。

2. 时间顺序

先有自变量的变化，才有因变量的变化。

3. 控制无关变量

消除其他因素的影响，确认是自变量的变化引起了因变量的变化。

（四）以重复验证为评价标准

重复验证是指在同样的实验条件下，可以在不同地区、不同单位获得同样的实验结果。实验结果本身就是经过长期艰苦反复的实验获得的。一旦确定了某一因果关系，可以肯定它具有较高的科学性。因此，如果在相同的实验情境下，施加同样的实验因素，控制好无关因素的干扰，按同样的方法加以操作，应该能够获得基本相同的结论。教育实验的可重复性，使得实验结果具有更强的说服力和推广价值。

三、教育实验法的类型

（一）根据实验控制是否严密，可分为真实验、准实验和前实验

真实验是指对所有可能会影响实验效果的因素都做了充分的控制的实验。如在实验中对实验对象进行平等的分组，使实验组和对照组特征相同，对实验环境做了充分的控制，对实验中的无关变量做了彻底的排除或抵消。

然而，教育实验的对象是人，是世界上最为复杂的动物。我们不可能像自然科学实验室里的实验那样将学生禁锢在实验室内，严密控制他的思想和行为。教育实验主要采用自然实验法，因此对实验对象和实验环境很难做到充分严密的控制，如实验组和对照组成员未能进行完全等同的搭配等。这种缺少一个或几个方面的控制的实验，就是准实验。常见的准实验有：在组间特质不相同的情况下进行的实验，对各组未施行前测的实验，对实验环境未很好地进行选择和控制的实验等。从某种

意义上说，教育实验只可能是准实验。

前实验是对变量的操作最不严格的一类实验，是一种不规范的实验。

（二）根据实验是否具有开创性，可分为开创性实验、验证性实验和改造性实验

开创性实验是指前人从未做过的实验，具有开创性。

验证性实验是指前人已经做过的实验，研究者按照相同的方法重复进行，包括第一轮实验后的第二轮实验。

改造性实验是指在别人曾经做过的实验的基础上，根据本地、本单位实际加以充实、改进的实验。

（三）根据课题覆盖区域的大小，可分为单科单项实验、多科实验和整体实验

单科单项实验是指涉及一门学科或一项专门性的教育活动的实验。

多科实验是指包括两门及两门以上学科的一项或多项教育活动的实验。

整体实验也称综合实验，是指运用系统和整体的现代思维方法，研究整体内部各要素及其组成结构的改革，以求整体功能最优化的教育实验。整体实验往往涉及教育环境、学校管理体制、评价体系、教学方法、课程设置等要素。

（四）根据实验因素的多少，可分为单因素实验、双因素实验和多因素实验

单因素实验是指在实验过程中，仅施加一个实验因素的实验。

双因素实验是指在实验过程中，施加两个实验因素的实验。

多因素实验是指在实验过程中，施加三个及以上实验因素的实验。

（五）根据实验的场所，可分为实验室实验和自然实验

实验室实验是指在实验室或具有高度人工控制的环境中进行的实验，可有效地控制无关变量，把自变量严格分离，对各种变量定义明确，一般可重复验证。这类实验常用于探讨理论问题。

自然实验（现场实验）是指在教育教学的现实情境中进行的实验。

除以上分类方法外，实验还可以按照实验主试与被试单方或双方是否清楚实验过程分为单盲实验和双盲实验；按照实验用途不同分为研究性实验和应用性实验等。

四、教育实验法的优点和缺点

（一）优点

1. 有利于教育理论的发展

教育实验法的一个突出特点是研究者能够主动干预研究对象，通过操纵自变量、控制无关变量、测定因变量而进行变量之间的因果分析，有利于教育理论的发展，

主要体现在以下三个方面：

（1）教育实验可以检验现有教育理论和观点的科学性和先进性。

（2）教育实验可以深化、改造或发展国外一些比较先进的教育理论和方法。

（3）教育实验可以验证新的教育理论假设，有利于创造新的教育理论。

2. 促进教育改革的深化

教育实验通过探讨教育现象的特点和规律，能直接促进教育改革的深化，提高社会效益，主要体现在以下两个方面：

（1）教育实验可以为解决教育实践活动中的现实问题提供理论依据。

（2）教育实验可以为改进教育实践提供最优化的活动策略。

3. 提高研究人员的素质和能力

一方面，教育实验要求研究者提供理论假设、主动干预研究对象、努力控制无关变量、准确测定因变量、科学总结实验结果等，这一切都对研究者的素质与能力提出了很高的要求，促使他们认真学习、刻苦钻研，提高实验技术，充分发挥主观能动性。另一方面，实验的成功又会提高研究者从事教育改革实验的积极性，形成良性循环。

（二）缺点

（1）教育领域中的许多现象和问题，往往都包含许多变量和复杂的相互关系，且处于一定的教育情景下，仅用实验法不一定能够解决问题，必须与调查法、文献法等相结合才能真正揭示教育发展规律。

（2）教育研究的对象是人，实验过程中不仅研究者与被试之间易产生交互影响，而且研究者本身的观点、态度、动机等也会影响实验的走向。这些都会影响实验结果。

（3）在现有的测量工具和实验条件下，被试的选样误差、因变量的测量误差等难以完全避免。实验样本容量较小，其结论推广到对象总体就缺乏可信度。

第二节　教育实验法的基本步骤

教育实验的过程一般包括准备实验、实施实验、总结与评价实验这三个基本阶段，这是一个相对稳定的程序。

一、第一阶段：准备实验（研究假设与实验设计）

（一）确立研究假设

假设，又称假说，是指研究者根据科学理论和经验事实对所研究的问题预先赋予的某种答案。假设能反映研究涉及的几个主要变量之间的关系，是对事物之间因果关系的一种假定性解释。在生活中，假设是广泛存在的，如教育的前提性假设是“人是可教的”。

由此可见，确立研究假设是实验研究的第一步。对相关变量进行清晰的界定，并对因果关系作出明确的设想，这实质上就是明确了研究的具体问题，为后续工作确立了目标。建立研究假设通常要经过如下几个步骤。

1. 梳理初步设想

实验研究的假设最初往往来自对一些教育现象的困惑。作为一线学前儿童教师，当在工作中遇到棘手的问题时，难免会对问题形成的原因和解决办法产生很多设想。比如，一名教师发现在最近几次的故事教学中学前儿童的理解效果都不太好，而故事内容的选择、故事的难度、讲故事的方式等都可能是影响故事教学效果的因素。在这些因素中，也许只是某一个因素对教学效果产生了重要影响，但在探寻原因的阶段，研究者还是设想得越全面越好。

在全面地设想问题形成的各种原因和可能的解决办法后，就要逐一比较各种想法，筛选出对于解决问题比较关键的几个设想。对教师而言，依据已有的经验进行筛选是较为切实可行的办法。比如，上例中该教师以前也讲过一个故事，故事的难度同这次相仿，那一次学前儿童的学习效果就很好，这就说明最近教学效果差不太可能是故事难度造成的，而更有可能是其他方面的原因。

2. 查阅有关材料

在根据经验梳理出解决问题的初步设想后，研究者需要有针对性地查阅相关资料，从理论上对自己面临的问题和可能的解决方案有更深入的把握。例如，在“如何提高故事教学效果”这个案例中，这位老师现已聚焦到“故事内容的选择”和“讲故事的方式”这两个可能的影响因素上。这时该研究者就应着重查阅有关“内容选择”“教学方式”等方面的资料，如相关理论书籍或其他研究论文等。

3. 确立研究课题

确立研究课题即明确实验目的。实验研究课题的表述应简明。对课题中涉及的关键概念应作界定。对于研究者为什么要研究这一课题，也要有所交代。

在阅读相关资料后，研究者可能发现在自己所研究的问题中，某一个因素比其他因素起着更为关键的作用，这时就基本可以确定该因素为研究的重点。例如，在“如何提高故事教学效果”这个案例中，研究者通过阅读文献，发现不论故事内容是否贴近学前儿童生活，教师都可以通过采用恰当的教学方式引起兴趣，达到良好的教学效果。自己近期教学的主要问题是讲故事的方式不能唤起学前儿童的原有经验和阅读兴趣，于是将研究课题初步定为“故事教学方式对教学效果的影响研究”。

4. 引入自变量，建立研究假设

研究者要作先期的调查研究，查阅有关文献资料，在充分讨论的基础上，按照实验研究的目的设计、指导实验的理论框架，明确实验的指导思想和教育观念，在此基础上确定实验的具体目标，并对实验研究的方向、范围以及如何收集、分析和解释数据资料作出明确的规定。

实验假设是实验的核心与灵魂，是研究者对所要研究的变量之间关系的一种假定，是从理论框架和研究目的出发，以及对所要研究的变量进行分析以后提出来的。实验假设至少应包含两个变量，并说明变量之间的某种关系，且预计会被实验所证实。

初步确定的课题还不够具体，不能形成假设，还需要研究者进一步考虑：研究要操纵的自变量是什么，要在操纵下表现出哪些不同的情况，以及自变量与因变量将会是怎样的因果关系。如“故事教学方式对教学效果的影响研究”这个课题，我们可以设想不同的故事教学方式会产生不同的教学效果，但故事教学方式具体指哪些方式，其中哪种教学方式的教学效果会更好，这都需要进一步具体化。这位教师考虑到自己目前进行故事教学时引入故事的方式简单，通常是通过谈话引入，不能唤起学前儿童的阅读兴趣，查阅资料后她希望尝试利用图画和悬念激发学前儿童的兴趣。于是该研究假设就定为“幼儿根据图画猜想故事情节引入比传统谈话引入的故事教学效果更好”，其中自变量为“故事教学的引入方式”，因变量为“故事教学效果”。至此，一个明确、完整的研究假设就确定了。

（二）制定实验方案

实验的准备阶段的主要任务是制定实验方案，即设计理论框架。该方案应包括以下内容：（1）选择被试，分解实验变量，进行实验设计。研究者要具体说明实验被试选择的方法、被试分组的方法，以及是否设置对照组。分解实验变量时要准确描述实验课题的自变量、因变量、无关变量。还应对这些变量的操纵、控制措施以及实验手段、条件等进行规定，进行合理的实验设计，最大限度地提高实验的效度。（2）编制测量工具，选择统计方法。研究者要根据实验的目的要求，设计好收集实验资料和数据的方法，准备好测定因变量的工具，决定采用什么样的统计方法，从而明确评价因变量的指标。（3）预设实验过程。说明实验分为哪些阶段和过程，实验人员的研究任务各是什么，预计何时完成等。

下面我们重点讨论实验设计。

1. 实验变量的设计

实验变量分为自变量、因变量和无关变量三类，对这三类变量的选择和控制对实验的成功与否具有重要意义，因此，实验变量的设计是实验研究的重要环节。实验变量设计的基本思想有两个：一是使自变量的作用最大化，让自变量和因变量的关系凸显；二是使无关变量的影响最小化，不让无关变量对因变量产生干扰作用或将这种干扰作用控制在最小范围内。实验变量的设计包括以下三个部分：

（1）自变量的操纵设计。

自变量的操纵往往涉及变量的次数、强度、方式、程序、介入时间、持续时间等。自变量的操纵设计应注意以下两个问题：

一是自变量至少要有两种水平。一个研究中自变量至少有两种水平，这样才能体现出自变量在变化，从而引起因变量的变化。例如，在“基本体操锻炼对学前儿童感知觉影响的实验研究”中，自变量分为“有体操锻炼”和“无体操锻炼”这两个水平。也可以根据研究的需要把自变量分为三个或更多水平。

二是自变量的可操作性要强。自变量设计的关键是可操作性要强，以保证实验实施的准确性，减小误差。例如，“幼儿探究行为与教师态度之间关系的实验研究”中，自变量是教师态度：“给予支持”和“未给予支持”。参与实验的教师要怎么做才算恰如其分地表现出了研究者设想的那种态度呢？研究者需要事先从操作层面对自变量进行界定。研究者可以对“给予支持”给出操作定义：不直接提供答案，而是采用启发、鼓励、反问等支持策略，主动提出建议或一些辅助性的问题，如“真奇怪，这个东西怎么会浮起来，为什么？”等。而对“未给予支持”的操作定义可以是：老师只在一旁观望，不表示任何支持，当学前儿童有所请求时，老师只是说“你们自己玩”或“老师正在忙”等。

（2）因变量的测定设计。

实验研究就是通过测定因变量的变化来证明自变量对因变量的因果作用的，如果因变量的每一细微的变化都能准确测得，则研究结论会更加准确可靠。因变量的测定通常涉及人的心理或行为反应的正确性、速度、强度、次数、持续时间等。例如，在“基本体操锻炼对学前儿童感知觉影响的实验研究”中，研究者是通过测定学前儿童完成拼图、图画补缺、走迷宫等测试题的反应正确性和速度，来说明学前儿童的感知觉水平的。

为了准确反映因变量的变化，因变量的设计应注意以下两个方面：

1）敏感性。因变量的测定内容、测定方法应能敏感地捕捉到自变量引起的每一个细微变化。例如，在“不同阅读方式对5～6岁儿童阅读效果的影响研究”中，对因变量“阅读效果”的测定就不应仅包括理解正确与否，也应该包括幼儿是否爱读、乐读，即“阅读兴趣”，这样才能对各种阅读方式的影响作出全面而准确的评价。

有时因变量指标等级的数量也会影响测定的敏感性。一般来说，指标等级数量多的研究敏感性会较高。例如，对中班幼儿完成擦桌子、分饭等值日生任务的质量进行测定，用五分制会比三分制敏感性高。但指标等级也不是分得越细、越多越好，应以适宜为原则。

2）客观性。客观性即所选指标具有可靠性和准确性，可通过一定的方法或仪器测量得到，并且用同样的方法可重复测量且测量结果具有一致性。一般情况下，借助客观的测验题（如智力测验、创造力测验）、评定标准（如值日生任务完成质量评定标准、作文评分标准）或测量仪器（如秒表、米尺等）进行测定，将得到的结果数量化，测定结果客观性会比较高。例如，对学前儿童的体质测定可以选用身高、体重、心率、肺活量、立定跳远距离等指标。测定学前儿童的阅读兴趣，比较理想的指标是学前儿童在自由活动状态下自发进行阅读活动的次数及专心阅读的持续时间，而不宜通过观察学前儿童阅读时心情是否愉快、询问学前儿童是否喜欢阅读来测定。因为身高、体重、肺活量、阅读次数、持续时间等是可以明确观察和记录的，不以研究者或研究对象的主观意识为转移；而对情绪的观察判断以及学前儿童的回答都受主观因素影响较多。

此外，研究者还要注意因变量的测定方法应该是简便易行的，测定工具应容易获得，数据转换容易，在保证客观准确性的同时能尽量省时省力。通常情况下应尽量选用自己会操作使用的现成的测验量表、客观性试题。

（3）无关变量的控制设计。

为了使自变量和因变量的对应关系显现出来，必须把无关因素控制起来，排除由于其他因素干扰而使因变量发生变化的情况。一般情况下，无关变量的控制程度越高，实验结果的可靠程度也越高。但由于学前教育研究对象和情境的特殊性，所以要想对所有无关变量进行彻底的控制是难以办到的，只能是对最明显的、对实验结果影响最大的无关变量尽量地进行控制。控制无关变量的方法主要有以下几种：

1）随机化。随机化是控制无关变量最有效、最简单的方法，通常指将抽取的研究对象随机地分配到各种实验条件下，从而保证了两组被试在被选择时具有同等的机遇性。如“幼儿探究行为与教师态度之间关系的实验研究”，就是把所有参加实验的 60 名幼儿随机分成两组，再抽签决定哪一组为“教师支持组”，哪一组为“教师不支持组”，使两组在能力水平、性格、经验、兴趣等各方面达到同质。

2）恒定。恒定指无关变量在实验的各个组中保持统一，各个组的情况保持相同。恒定是最常用的控制无关变量的方法，且效果较好。如“幼儿探究行为与教师态度之间关系的实验研究”中，教师的教学能力、教师与幼儿的熟悉程度、探究任务的难度、活动材料、环境布置等都可能影响实验结果，于是研究者就让同一位老师承担实验中各个组的教学工作，让各个组都在相同的环境中进行相同的探究任务，所提供的材料也是相同的。

3）平衡。平衡指保持各组在某些无关变量上的情况基本一致，平衡是随机化和恒定都不能使用时一种较好的控制无关变量的方法。例如，教师的教学能力会影响实验结果，但又做不到请同一位教师承担实验组和控制组的教学工作，那就请教学能力相当的两位教师分别进行两组的教学。教育实验中常常做不到随机分配被试，只能整班进行实验，这时可以挑选几个能力水平相近的班级来接受不同的实验条件。又如以同一组学前儿童为实验对象进行两种不同教学方法教学效果的比较，为使不同教材对教学效果的干扰达到平衡，研究者必须采用两种难度相当的不同教材。

4）消除。消除指将无关变量排除在实验之外，不让它参与到实验中来。例如，在有关听力的实验中，外界噪声可能会干扰听力，那就请研究对象在专门的隔音室进行听觉实验。消除是一种对无关变量控制程度很高的方法，但会使得实验情境和实际情境差距较大，不利于实验结果在真实生活中的推广，因此在教育实验中较少应用。

除上述四种方法外，控制无关变量有时还需采用盲法、统计控制等方法。盲法是指在实验中，研究者或研究对象不知道谁接受了实验处理，谁没有接受实验处理，甚至不知道实验设计者的真实意图，以此排除研究对象主观态度对实验结果的干扰。统计控制则是指用统计方法对实验数据进行一些处理，以排除或削弱无关变量的影响。如测验后去掉最高分或最低分，或以统计方法将实验组和控制组的数据平均化等。

2. 常用实验模式的设计

实验模式又称实验组织形式，它根据参与研究的小组数量和性质、自变量的施加方式、因变量的测试次数和顺序等的不同可分为若干不同的类型。

为简明表示各种设计类型的实施情况，用下面的符号表示相应的因素：

R：表示被试是经过随机选择和分配的。

G：表示实验组或控制组。

X：表示一种实验处理，即实验的自变量的操纵。

O：表示一次测试或观察，即实验的因变量的测量。

—：表示无实验处理。

（1）单组设计。

单组设计是指研究只有一个实验组，没有对照组，通过测定实验组在接受实验处理后的因变量情况，来揭示自变量和因变量的关系。单组设计包含以下几种设计形式。

1）单组后测设计。即对实验组进行规定的实验处理后，测定其因变量的情况，了解该实验处理是否会导致因变量产生预期的效果。其设计模式为：

X　O

例如，某教师预期使用“超市购物”这种游戏化的教学方法可以较好地帮助大班幼儿掌握10以内的加减法。教师在班上创设了相应的游戏区，投放了充分的材料，在教学活动中教给幼儿相应的数学知识和玩“超市购物”游戏的方法及规则，并在接下来的两周时间内每天开放“超市”角色游戏区供幼儿自由选择玩耍（X），两周后教师逐一测试了班上每个幼儿的10以内加减法的掌握情况（O），发现孩子们的平均准确率为90%，说明幼儿较好地掌握了相应内容，从而得出结论：游戏化的教学有利于大班幼儿掌握10以内的加减法计算。这就是一个比较典型的采用单组后测设计进行的实验。

单组后测设计的干扰因素较多，因为后测因变量水平较高可能有很多原因，可能是源于实验处理的效果，也可能是源于偶然因素、研究对象的自然成熟，或者研究对象原本水平就很高。因而需要采用单组前后测设计来消除研究对象原本水平的干扰。

2）单组前后测设计。即对实验组先测定其因变量情况（前测），了解实验组的原有水平，然后进行实验处理，处理之后再对因变量进行测量（后测），用后测和前测的差异说明实验处理的效果。其设计模式为：

O_1　X　O_2

例如，在“关于中班幼儿值日生劳动态度的研究”中，研究者先观察了全班30名幼儿在一天三次值日活动中的劳动行为意向，包括迟到早退次数、专心做事情况和值日完成质量情况三个方面，根据拟定的等级标准对每名幼儿各方面劳动行为意向进行评定（前测）。再利用讲故事、角色扮演、技能学习和技能比赛、讨论和谈话等方式，对全班幼儿进行了6次劳动态度教育活动（实验处理）。待全部教育活动结束后，又对全班幼儿的劳动行为意向进行了观察评定（后测）。最后比较前后测中全班幼儿劳动行为意向的等级变化，发现后测中被评价为劳动意向较好和中等的幼儿增加了，被评价为较差的幼儿没有了。这个实验结果说明，教师采用的劳动态度教育活动能有效改善幼儿的劳动行为意向。

单组前后测设计通过将实验处理前和处理后的因变量的水平进行比较，从而得出实验处理的效果，这种方法比单组后测设计仅仅通过处理后的因变量情况来说明效果更客观、准确。但是单组前后测设计仍然无法完全说明实验处理与因变量水平变化之间的关系。如上例中，幼儿的劳动态度会随年龄的增长而自然发生变化，这时研究者往往要用到单组时间序列设计，多次测定因变量以判断实验处理的影响效果。

3）单组时间序列设计。即对实验组在实验处理的前后进行多次定时的观测，通过对多次观测结果的归纳比较得出实验处理的效果。其设计模式为：

O_1　X_1　O_2

O_3　X_2　O_4

O_5　X_3　O_6

例如，在“关于中班幼儿值日生劳动态度的研究”中，研究者可以在进行劳动态度教育干预前，多次而不只是一次观察评定该班幼儿的劳动意向行为，从多次观察的结果中可以看出幼儿在这几个月的自然发展、日常教育情况下劳动态度的变化趋势。进行了日常情况下的充分观察后再开展劳动态度教育活动（共 6 次），之后再用同样的方法多次观察评定幼儿的劳动行为意向，看教育干预完成后以及延续一段时间后，幼儿的劳动态度是否发生变化以及变化是否会持续。

与单组前后测设计相比，单组时间序列设计又可以把自然成熟、练习等因素区分出来，使得研究者可以更准确地判断前后测水平的变化是否是实验处理的结果。

4）单组 A－B－A－B 设计。单组时间序列设计还常常有另一种模式，即对实验组多次重复“给予实验处理”和“撤销实验处理”的过程，并在给予和撤销处理的前后进行多次观测，通过对比“给予”和“撤销”后因变量水平的变化说明实验处理的效果。这种设计模式又称单组 A－B－A－B 设计。例如，某教师观察到班里某幼儿特别爱在教师说话时插嘴，该教师分析可能是因为教师对该幼儿关注不够导致幼儿想吸引教师注意。于是她先悄悄观察并记录该幼儿在基本状态下一天的插嘴记录（观测 1），第二、三天采取实验处理，即主动多关注该幼儿（包括多看看他、请他回答问题、肯定他做得好的地方等），同时观察并记录其插嘴次数（观测 2），第四、五天老师又撤销了实验处理（不对该幼儿主动关注，回到最初对待该幼儿的状态），同时观察并记录其插嘴次数（观测 3），第六、七天又采取实验处理并进行观测（观测 4）……研究发现，凡是教师给予主动关注时，该幼儿插嘴次数就明显减少；凡是教师不关注幼儿时，该幼儿插嘴次数就显著增多。通过单组 A－B－A－B 设计，这位教师验证了自己对幼儿插嘴现象原因的分析，从另一个角度来看，也是找到了解决幼儿插嘴行为的有效方法。单组 A－B－A－B 设计可以去除偶然因素、自然成熟等因素的干扰，令研究者对自变量和因变量的关系作出更准确的判断。

（2）双组设计。

双组设计即研究两个组：一个实验组，接受实验处理；一个控制组，不进行实验处理，仅用于与实验组进行对比。双组设计有如下几种常用模式。

1）等组设计。等组设计即在进行实验前，通过随机分配被试，或人为将条件一致的被试一一配对再随机分配，形成总体上基本同质的两组，一组为实验组，一组为控制组，最后对实验组和控制组的结果进行比较。等组设计是教育实验研究中广泛适用的一种研究设计，其设计的关键就在于形成同质的等组。通常的做法是根据实验的内容和性质选定要匹配的方面，对该方面进行测试，然后按照测试成绩对被试进行配对，即找到测试成绩相同或接近的两个被试组成一对，再将其中的一人随机分配到实验组，另一人分配到控制组。这样形成的实验组和控制组在该特定方面就是同质的。其设计模式为：

RG_1　X　O_1

RG_2　—　O_2

例如，“幼儿探究行为与教师态度之间关系的实验研究”采用的就是等组设计，研究者根据性别和能力水平对幼儿进行分组，使得实验组和控制组在男女性别比例、能力水平上的总体情况基本相同。

2）固定组设计。固定组设计又称整组设计，即实验组与控制组不是随机选择和分配的，而是以自然班为单位，以一整群抽样的方式选出整班作为实验组或控制组参与实验。其设计模式为：

G_1　X　O_1

G_2　—　O_2

固定组设计操作起来简便易行，但因为未对被试进行筛选，参与实验的两个班级可能在某些方面存在较大差异，使得研究结果不够精确。例如，在“在自由玩耍中培养幼儿创造性思维的实验研究”中，研究者就是在某幼儿园随机抽取了两个中班，分别作为实验组和控制组。在这个案例中，如果控制组幼儿整体的创造性思维水平原本就比实验组高，自由玩耍对促进创造性思维发展的效果就可能被掩盖；如果控制组原本的创造性思维水平比实验组低，自由玩耍对促进创造性思维发展的效果则可能被夸大。为避免这种情况，在实验前应对两组进行前测，确保两组在因变量上水平基本相同，以提高实验结果的准确性。

3）循环组设计。循环组设计又称轮组设计、平衡设计，是指将不同的实验处理轮流地施加于各组，根据每个处理的组合效果来确定实验处理的效应。其设计模式为：

G_1　X_1　O_1　X_2　O_2

G_2　X_2　O_3　X_1　O_4

循环组设计对各组被试控制性的要求很低，不需要为配置等组而打乱班级，影响正常教学秩序，特别适合于自然教育情境下的实验。

二、第二阶段：实施实验

实验的实施阶段是实验的实质性阶段。研究者和实验人员应按照实验设计，有条不紊地展开实验。这一阶段的主要任务是按照实验设计进行实验处理；采取有效办法，消除无关变量的影响；收集实验数据和其他实验资料，随时观察和测量操纵自变量所产生的效应。具体如下。

（一）控制好实验研究条件

实施实验时，首要任务是根据研究设计对各变量进行有效的操纵和控制。这包括两大方面：一是操纵自变量，使各实验组所接受的实验处理恰如其分地体现出自变量的不同水平或类型的特征；二是有效地控制无关变量，把无关变量对被试的影响尽量降到最小。

对无关变量的控制是实验在实施环节成败的关键。在学前教育实验研究中，需控制的无关变量通常涉及实验教师（如教师的教育能力、教学经验等）、学前儿童（如学前儿童的能力、兴趣、原有知识经验基础、实验时的情绪状态等）、实验材料（如材料的难度、内容等）、实验时间（如实验教学的时段、持续时间长度、学习的次数等）以及实验环境（如实验进行的环境是否为学前儿童所熟悉、是否有其他人的干扰、是否有太多新异刺激）等因素。

（二）及时全面地收集研究资料

研究者应根据实验设计，对因变量的情况进行及时、准确的测量和保存。除了测量因变量，研究者还需对实验的进展情况进行跟踪记录，即作实验记录。记录内容可以包括学前儿童出席的情况、缺席的原因、学前儿童具有代表性的真实表现、实验教师组织教育活动的情况、实验过程中的突发事件、实验者和被试的实际感受，以及家长对学前儿童变化的反馈等。全面收集这些资料，可以为实验结果的分析、讨论与研究反思提供重要的参考。

三、第三阶段：总结与评价实验

这是实验的结束阶段，其任务如下：分析处理实验中所获得的资料数据，在统计分析的基础上对变量作因果分析，肯定或否定实验假设，得出科学结论。最后评价实验结论，写出实验报告。具体如下。

（一）整理、统计、分析研究资料

在实验实施过程中，要及时将每一阶段收集到的研究资料进行筛选、整理和录入，以数据库的形式保存资料；还要对阶段性资料进行初步的分析，以了解实验目标的达成程度。若通过资料分析发现实际情况与预期相比出现重大偏离，应及时分析原因，以便对那些由实验偏差造成的问题进行及时纠正。

在实验研究全部结束后，需对全部资料进行整合和分析。这时需要根据研究目的选择合适的统计软件和恰当的统计分析方法进行数据分析，并将统计分析的结果归纳整理为统计表、统计图等直观、简洁的形式。除此之外，还需要结合研究假设、相关理论和实验日记中的文字资料，对统计分析的结果进行解释和讨论，以揭示一组组统计数据中所隐含的实践意义和教育价值，明确本次研究假设的验证情况，得出结论。

（二）撰写实验研究报告

撰写实验研究报告是学前教育研究过程的最后一个环节，是指将实验研究的主题、研究的目的和意义、研究产生的背景、研究假设、研究方法、研究的实施过程和收集资料的情况、实验得到的结果和结论以及对本次研究的反思与进一步的展望等用文字的形式进行全面、翔实的介绍。撰写实验研究报告既是对实验研究工作的总结和深化，也是和同行交流研究经验、推广研究成果的必要途径。

四、学前教育实验研究的注意事项

（一）教育实验研究应与教育教学改革相结合

实验研究具有因果关系明确、研究结果可靠性高、研究周期短等优点，非常适于进行复杂的教学改革项目研究。研究者应充分关注学前教育教学改革的方向和动态，充分利用实验法对学前教育教学改革的热点、难点和前沿问题进行有效的突破，用科学可靠的研究结果提升学前教育教学的质量，促进教育对象的健康发展。值得注意的是，由于学前教育研究的目的在于促进学前儿童更好的发展，所以每一项新的教育教学改革的措施都应先在小范围内进行试用并对效果进行考察，只有确保其教育效果良好且优于原先的教育教学措施，才能得以推广。

（二）严格遵循实验研究规范

研究者应以高度严谨的科学精神开展实验研究，严格执行实验研究规范。

1. 建立科学的研究假设

只有建立一个有理论意义、实践价值和具有一定新意的假设，才可以考虑采用实验的方法进行研究。研究者必须首先掌握所要研究问题的全面信息：相关的假设是否得到理论的支持；假设是否有实践的价值；前人是否已经提出过相同的假设并进行过实验；如果进行过相同的实验，要明确前人所做的实验是否可靠，哪些部分已经解决了，哪些部分还有待解决。

2. 设计严密的实验方案

实验方案的设计包括变量的设计与实验模式的设计两大部分，每一部分又包括许多具体的内容，之前内容中已详述。实验方案的设计越周密、越细致，实施过程将会越顺利。特别是对无关变量的设计，虽然实验方案实施过程中还会出现预想不到的情况，但是如果能在计划时把各种可能的无关变量及控制方法都考虑到，将会对研究的如期进行和得到准确的结果大有帮助。

（三）不妨碍受教育者的发展

教育实验的操作直接关系到学前儿童身心健康发展，研究者必须严格遵守学前教育研究的教育学原则和伦理学原则，对实验方案的效应作严密的科学论证，确保实验内容和操作不会妨碍受教育者的身心健康。

（四）注意实验研究的推广限度

实验结果的报告应该实事求是，并且应该严格按照研究开展的范围和所得到的结果来下结论和作推论，不能任意夸大研究结论，更不能无视研究应用的可推广限度。例如，实验组的得分虽然在数值上比对照组高，但差异未达到统计上的显著性，就不能下结论说实验组优于对照组。又如，以中班幼儿为研究对象，发现小组合作探究的学习方法比个体化探究的学习方法更有利于激发幼儿的科学探究欲望，促使幼儿提出更多的问题和假设，在下结论时就应指明实验效果是对中班幼儿而言的，而不是各年龄段幼儿；而且应指明小组合作探究是在科学领域的探究活动中有优势，不能笼统地把这种优势推广到科学领域以外的活动中。

思考与实训

1. 实验法与测验法有何区别？

2. 控制无关变量的方法有哪些？

3. 举例说明各种常用实验模式的含义与特点。

4. 查阅一份实验研究报告，思考以下问题：

（1）该研究的假设是什么？

（2）自变量是什么？是如何操纵的？

（3）因变量是什么？是如何测定的？

（4）无关变量有哪些？是如何控制的？是否还有未控制的无关变量？

（5）该实验采用了怎样的实验模式？

拓展阅读

[1] 威廉·维尔斯马，等．教育研究方法导论［M］. 9 版．袁振国，等译．北京：教育科学出版社，2010.

[2] 陈莉 .5—6 岁幼儿韵律活动的教育实验研究［D］. 南京：南京师范大学，2008.

[3] 陶保平，钱琴珍．学前教育科研方法［M］. 3 版．上海：华东师范大学出版社，2014.

[4] 王庭照．教育科研方法［M］. 西安：陕西师范大学出版社，2016.

[5] 袁振国．教育研究方法［M］. 北京：高等教育出版社，2000.

[6] 张宝臣，李兰芳．学前教育科学研究方法［M］. 2 版．上海：复旦大学出版社，2012.

[7] 张厚粲，徐建平．现代心理与教育统计学［M］. 4 版．北京：北京师范大学出版社，2015.

第十三章　学前教育研究资料的整理与分析

【本章概要】

研究资料的整理与分析，是指将研究所得的原始资料按研究目的进行审视、汇总、分类、补充和评价，从而使资料能系统地、完整地反映客观事物发展的过程。学前教育研究所收集的资料多种多样，根据其表现形式的不同，主要分为文字资料和数据资料。与之相应的资料的分析方法是定性分析和定量分析。

第一节　研究资料的整理与分析概述

一、整理与分析研究资料的含义

总体而言，研究资料的整理与分析是指将研究所得的原始资料按研究目的进行审视、汇总、分类、补充和评价，从而使资料能系统地、完整地反映客观事物发展的过程。

单独而言，研究资料的整理是指研究者根据研究的目的对研究活动中收集到的各种原始资料进行符合科学要求的处理，使之系统化和条理化的研究活动。研究资料的分析则是指研究者在对原始的研究资料进行整理的基础上，对资料的性质和特点以及各种各样的研究资料之间的相互关系进行具体剖析，以求发现各种教育现象之间的关系，探求教育活动规律的科研活动。

二、整理与分析研究资料的意义

（一）便于研究者更好地把握研究的方向

在收集资料的过程中，由不同人员在研究的不同阶段运用各种研究方法所收集的原始资料在性质和内容上往往是多种多样的，其中既有与研究的主题相一致的，也有偏离研究主题的，甚至有和研究目的无关的；有些方面的资料可能收集得过多过滥，而有些方面必需的研究资料却收集得尚不齐全；有的资料是真实可靠的，而有些资料可能渗透了主观因素，不符合客观性要求。研究者只有通过对原始资料进行全面系统的整理和分析才能鉴别出研究活动与研究目的的一致性，才能在资料的整理和分析中通过对资料的剔除和补充，来进一步明确研究活动的主要方向，使研究活动与研究目的趋于一致。

（二）为研究者形成研究结论打下基础

科研的主要目标就在于透过事物的表面现象来深入地认识事物的本质，揭示事物发展的客观规律。而在学前教育研究活动中，通过各种方法收集到的原始资料往往数量众多且杂乱无章，难以直接说明问题。研究者通过对收集到的原始资料的整理，能使其更全面、更准确地反映事物的本来面目和变化的过程。

通过对整理的资料的分析，能完整客观地反映事物的特点及事物之间的关系，为研究形成科学的结论作好充分的准备。一些研究者甚至能够在对研究资料的整理和分析过程中直接把握事物的性质及其变化的规律，形成研究的结论。所以对资料的整理与分析工作是教育研究中不可缺少的一个重要环节。事实说明，对资料的整理与分析工作伴随着研究的全过程。

三、整理与分析研究资料的原则

（一）及时性和完整性原则

在学前教育研究活动中，资料的收集活动尤其是事实性资料的收集活动具有情境性，如不及时地对资料进行整理和分析，就容易使资料中一些有意义、有价值的信息流失而影响资料的全面性和完整性。另外，如果在收集资料时存在资料不足的现象，能通过资料的整理及时地发现并采取补救措施，将资料补足，以便符合研究过程的规范性要求。

（二）客观性和准确性原则

首先，在整理原始资料时要确保每一种资料都是真实可靠的；其次，在分析研究资料时必须以事实为依据，实事求是，运用正确的方法，确保分析过程的客观性，尽可能地避免掺入个人的主观猜想，损害研究结论的客观性和科学性。

任何事物都是质和量的统一体，学前教育现象也同样存在质和量两个方面。探讨学前教育规律时，既要掌握事物质的规定性，又要掌握事物量的规定性，这就要求对收集到的资料数据进行定性和定量分析。在学前教育研究中，收集到的原始资料的形式和种类多样，根据其表现形式，可以分为文字资料和数据资料两大类。

第二节　文字资料的整理与分析

文字资料一般指以文字形式记录下来的反映研究对象行为的性质、特点及变化以及研究对象的态度、意见等方面信息的描述性资料。如有关教育现象或事实的观察记录、各种基本情况的介绍、教师教案及教育日志、教研工作笔记等。文字资料因其数量变化水平较低，甚至不能数量化，所以只能进行定性分析，而不能进行定量分析。

一、文字资料的整理

对文字资料进行具体的分析研究之前，首先要对其进行整理，以便使散乱、无序的资料系统化、条理化。对文字资料进行整理的基本要求是真实、具体、简明扼要。其程序及主要内容可归纳为以下几点。

（一）审查

文字资料整理的第一项工作便是对收集到的原始资料进行逐一审查和分析，目的是“去伪存真”。审查的内容可归纳为以下几点。

1. 资料的有效性

资料的有效性是指收集到的资料是否与研究的问题一致，是否“切题”。如在自然观察和开放式问卷调查中，所收集的资料可能因各种原因出现离题太远或根本无法说明研究问题的情况，对此应认真辨别，并对无效资料进行删除。

2. 资料的全面完整性

资料的全面完整性是指资料是否完备、是否具体明确。教育现象的复杂性，要求在研究时收集与所研究的问题有关的各方面的大量资料，包括行为事件的背景材料、环境材料等。只有收集到全面完整的信息，才能使研究深入问题的本质。所以，当在审查中发现资料在此方面比较欠缺时，就应及时采取合理的方法进行必要的补充，或重新进行收集。

3. 资料的真实可靠性

资料的真实可靠性是指资料是否是真实和可靠的。在研究过程中，研究者获取资料的手段和资料的来源、研究者的成见、研究对象不恰当的动机等都会影响到资料的真实性和可靠性。如访谈时研究者提问的措辞不当，会造成研究对象的心理负担，从而导致收集到一些虚假的信息。

（二）分类归纳

分类归纳是指将审查过的原始资料按某种标准分为若干类别，并归纳出各个类别资料的主要特点。分类归纳可使资料条理化和系统化，便于分析。在分类时，既可以根据研究目的或研究内容的性质来确定分类的标准，也可以根据资料的形式、特点或来源来确定分类标准。但同一个研究中分类的标准应统一，要做到逻辑清晰，条理分明。归纳是对每个类别的资料进行概括，以说明其主要的特点，如资料反映出的主要观点、在研究中的主要用途等。

（三）汇编

汇编是指在审查和分类归纳的基础上对研究资料进行统一的汇总、编排。汇总的目的是将各类别的资料整理在一起，以方便后续研究分析中的使用。同时为了查找使用的方便，要按一定次序对资料进行编排，并注明各部分的主要内容，收集的时间、地点、方法以及收集者的姓名等，这样也方便今后其他相关研究的查阅。

二、文字资料的分析

文字资料分析是指研究者在对所收集的文字资料进行系统审查、归类、汇总的基础上进行逻辑和意义分析的过程，目的是揭示事物的内在特征。

（一）文字资料分析的主要特点

文字资料属于描述性资料，一般进行定性分析，这种分析具有如下特点。

1. 文字资料分析是一种运用思维方法进行的分析

研究者往往要运用比较和分类、分析和综合、归纳和演绎等方法来分析文字资料所反映的事物之间的关系，这是一种运用思维方法进行的逻辑分析，因此研究者必须提高自己的思维能力和逻辑学修养。

2. 文字资料分析是一种动态的整体性分析

研究者在分析文字资料时，既要分析问题存在的现状，也要分析问题产生和变化的历史过程及原因，还要分析其发展变化的趋势。这种动态的分析更有利于研究者从整体上把握问题，使研究的结论更具有深度和丰富的内涵。

3. 文字资料分析是一种建立在多学科理论基础上的综合性分析

学前教育中的许多问题，同社会的政治、经济、文化等因素密切相关，研究者要运用各学科相关的理论作为基础和指导来分析文字资料，因此文字资料的分析是一种建立在多学科理论基础上的综合性分析。

（二）文字资料分析的主要方法

1. 比较和分类

比较是指依据一定的标准鉴别事物和现象之间的异同的一种思维方法。比较可分为单项比较和综合比较、横向比较和纵向比较、求同比较和求异比较等种类。使用比较的方法分析资料时，要注意三点：一是比较必须在同一关系下进行；二是比较应有一定的标准；三是比较要求依据客观的事物或资料进行。

分类是指在比较的基础上，将事物（或事物的属性）按特定的关系进行区分的思维方法。分类大致有现象分类和本质分类两种。在对文字资料进行分类时必须注意以下四点：一是分类必须根据研究问题的性质和研究的目的进行，并有利于研究假设的检验；二是每次分类都必须在同一纬度上进行；三是分出的类型应穷尽分类总体且类别之间相互排斥；四是各类型之间应有显著差异。

2. 分析和综合

分析是指将研究对象的整体分为各个部分、方面、因素和层次，并加以考察，从而认识事物本质的思维方法。分析大致可分为定性分析、定量分析、因果分析、系统分析等不同方式。在对资料进行分析时应做到：（1）分析必须有总体目标和整体观念，不能把事物分解得支离破碎，分析的最终目的是认识事物的整体属性。（2）分析必须按有助于认识事物的内在特点或本质属性的标准和规则来进行。（3）分析要有一定的理论基础。

综合是指将有关事物各个部分和要素联结成一个整体进行考察，力求通过对整体的认识来把握事物本质的一种思维方法。它一般是在分析的基础上进行的，在思维的过程中表现为与分析相反的方向。使用综合法时，必须与分析相结合，必须创造性地形成对事物整体的认识。

3. 归纳和演绎

归纳是指从已有的具体事实或个别性的结论出发，概括出一般性或普遍性结论的思维方法，即从个别推论出一般。归纳法可分为两种：完全归纳法和不完全归纳法。后者又可分为简单枚举法和科学归纳法。科学归纳法又称因果联系归纳法，是指根据事物的因果联系，通过考察分析出某研究对象部分事实或要素的特征，再推出该研究对象所有的事实或要素都具有这种特征的推理方法。这是一种两全其美的归纳方法，比较可靠，又便于使用，所以在教育科学研究中有广泛的应用。

演绎是指从已知的一般性或普遍性的原理和结论出发，推出个别或特殊结论的方法。它一般分为公理演绎法和假设演绎法两种。

第三节　数据资料的整理与分析

数据资料是指在学前教育研究的过程中，通过各种研究方法收集到的一些用数量形式表现的有关教育现象或事实的资料。如通过调查法收集到的某幼儿园幼儿动作发展状况的资料，通过测验法收集到的某区幼儿园幼儿智力发展水平的资料等数据。

一、数据资料的整理

数据资料的整理是指对收集到的原始数据进行检查和分类，并在此基础上用统计图表的形式表现出来，使其条理、直观、系统的一种方法。数据资料整理的具体步骤如下。

（一）检查资料

学前教育研究的最终目的是通过有效、真实、完整的资料得出科学准确的结论，从而解释和解决问题，因此数据资料整理的首要工作是进行资料的检查，即对所收集到的原始数据的有效性、客观性和完整性进行必要的质量审核，以确保即将研究的资料是有效、真实和完整的。资料检查的内容主要有以下三个方面。

1. 数据资料的有效性

数据资料的有效性是指收集到的原始数据必须具有普遍的代表性，能有效地说明研究的目的，反映研究的需要。否则，再客观、再完整的资料都无法为课题研究所使用。

2. 数据资料的客观性

数据资料的客观性是指收集到的原始数据不能出现与事实有出入的情况，即收集资料时必须做到客观精确，不能出现因主观影响和各种工作中的粗心或不慎引起数据错误的情况。

3. 数据资料的完整性

数据资料的完整性是指反映研究对象的资料在各个项目上不应有遗漏，以确保统计分析的全面性，如问卷或量表是否全部收回等。鉴于在资料收集的过程中有可能由于疏忽或不慎将错误的、无代表性的数据收录进资料中，以及有可能遗漏部分重要资料，所以要求研究者在进行数据资料检查时，应及时删除错误或无关数据，并根据实际情况对缺失的数据进行补充，以保证研究中收集的每一个数据的质量，进而确保整个研究的有效进行。

（二）数据分类

数据分类是指根据研究目的和研究对象的特征等，对所得数据进行分组归类，其目的是使大量杂乱的数据资料有序化，便于后续分析研究的顺利进行。

1. 性质分类

性质分类是指按事物性质进行组别或种类的划分，不说明事物之间的数量差异。如把幼儿按性别分为男和女；按组别分为实验组和对照组；按年龄分为 4 岁组和 5 岁组；按健康状况分为好、中、差等。

2. 数量分类

数量分类是指按事物数量的属性进行分类和排序。排序主要有顺序排列法、等级排列法等。

（1）顺序排列法。顺序排列法就是将各数据从大到小或从小到大进行排列。这样就可以看出最大和最小的数据是多少、各数据出现的次数和位于中间的数据是多少等。如果一组数据数目不多，可直接排序；如果数目较多，一般就要编制一个次数分布表。

（2）等级排列法。等级排列法即根据顺序排列划分等级，但与顺序排列不同，它是按数值所含的意义确定等级。如对于考试成绩或能力测验的分数，应将数值大的排为第一等；对于体育竞赛的测试时间或完成一项任务所用的时间数据，应将数值小的排为第一等。

另外，对于数值相同的数据，不管数目有多少，可将各相同数据应占的等级相加再平均，作为这几个相同数据的共同等级。如：39，45，48，48，48，60，78。若从大到小排，则 78 排为第一等，60 为第二等，三个 48 应分别是第三等、第四等、第五等，三等级之和再除以相等数据的个数 3 则平均等级为第四等，以下类推。上面这几个数的等级顺序可写为：1（78）、2（60）、4（48）、4（48）、4（48）、6（45）、7（39）。

（三）编制统计表与统计图

1. 统计表

统计表是指以表格形式系统地表达统计资料数量关系的重要工具。它具有简明清晰，条理清楚，易于分析、比较，便于计算等优点。

（1）统计表的结构及编制要求。

统计表一般由序号、标题、标目、数据、线条、标注等几个部分组成。

1）序号。序号是说明表的顺序的，一般写在表的左上方或标题的前面，如果只有一个表可以省略。

2）标题。标题是表的名称，应确切地、简明扼要地说明表的内容，一般写在表的上方居中位置。

3）标目。标目是表格中对统计数据分类的项目，一般写在表的左侧（称为横标目）或表的上方（称为纵标目）。标目要清晰、恰当。纵、横标目可按时间的先后、事物的重要性、数字的大小和地理的自然分布等有规则地排列。

4）数据。数据是用来说明标目的，可以是观测值，也可以是计算的结果，如百分比、平均数等。表内数据要准确、清楚，一律用阿拉伯数字，单位统一，位次对齐，精确度要一致。表内不应有空格，暂缺或未记录可用“……”来表示，无数字用“—”表示，数字若是“0”，则应填写“0”。如有相同的数字仍需全部写出，不得写“同上”字样。

5）线条。一般统计表上下端的顶线和底线用实线绘制，左右两边可不用线段封死，纵标目用细实线隔开，以便于区别；还有一种统计表的格式为：纵列和横列之间都用线段分开，统计表的整体边框完整，外边框用较粗的实线。

6）标注。标注一般用来注明数据的来源，以便查对。可用简短的小号字写在表的下方。它不是表的必要组成部分。

（2）统计表的种类。

统计表按主要项目的分项情况，一般可分为单项表和多项表两种。

1）单项表。仅包括一种事项的比较或仅按一种标志分类的统计表为单项表，如表 13-1 所示。

表 13-1　2018 年底我国幼儿园数量及师生数量统计表

幼儿园及人员	幼儿园（万所）	在园幼儿（万人）	在园教职工（万人）
数量	26.7	4 656	453

资料来源：中国教育报，2019-08-23.

2）多项表。包括两种及两种以上事项的比较或按两种以上标志进行分类的统计表为多项表，如表 13－2 所示。

表 13－2　幼儿园家长承担保育任务的统计表

单位：人

职责		父亲	母亲	祖父	祖母	外祖父	外祖母	其他
照料孩子	人数	85	114	19	35	19	20	4
	排序	2	1	5	3	5	4	6
教育孩子	人数	95	124	7	10	9	11	2
	排序	2	1	6	4	5	3	7

资料来源：张宝臣，李兰芳．学前教育科学研究方法［M］．2 版．上海：复旦大学出版社，2012：167.

2. 统计图

统计图是指用来表达统计指标与被说明的事物之间数量关系的图形。它利用几何的点、线、面、体和色彩的描绘，把所研究对象的特征、内容结构、相互关系表达得更直观形象，使人一目了然，便于粗略地比较和分析，富于生动性、形象性。

（1）统计图的结构及编制要求。

统计图一般由图号、图题、图目、图形、图例和图注等几部分构成。

1）图号。即统计图的顺序号。

2）图题。即图的标题，是指统计图的名称。图题文字要简明扼要，切合图的内容，字体在图中应最大，一般写在图的正下方。图号应写在图题的左边。

3）图目。即图中的标目，是对图中每一部分的说明，可以是文字或数据。图目写在图的基线下面。在采用直角坐标系的统计图中，图目即横轴上所指示的各种单位名称，应自左到右按由小到大的顺序排列。纵轴一般是尺度线，自下而上按从小到大的顺序写在纵轴上。

4）图形。即表示统计数字大小的线条和图形。这是统计图的主体部分，图形线条要准确清晰，绘图布局结构要匀称，一般位于图的中央，所占面积应以图框内面积的一半为宜。图形线条是图上各线条中最粗的。

5）图例。图例用于举例说明某部分图形所代表的事物，一般放在图中空白位置。

6）图注。对图形或其局部进行补充说明的文字称为图注。图注部分的文字要少而精，字号要小，一般写在图题的左下方。

（2）统计图的种类①。

1）条形图，又称直条图。条形图是指用相同宽度的条形长短或高低来表示事物数量大小的一种图形。它主要用于比较性质相似的间断性资料。条形图有单式、复

① 王彩凤，庄建东．学前教育研究方法［M］．北京：北京师范大学出版社，2011.

式两种，由一组数据资料绘制的图形是单式条形图，由两组或两组以上资料绘制的图形是复式条形图。按直条排列的方向不同，条形图又可分为纵条图和横条图。

条形图的绘制要领：各个（类）直方长条的宽度要相同。单式条形图的色调要一致；相邻长条之间的间距要适当，根据统计项目的多少以及直方长条的宽度来衡量，一般来说，间距大约为直方条宽度的 1/2 至 1 倍。复式条形图不同类型的直方长条宜用不同的颜色加以区别，并在图形右上方适当位置标明图例；要让比较的统计事项的直方长条靠在一起，而横轴上所标明的分类项目（一重分类）的直方长条之间要隔开，其间距一般取直方长条宽度的 1～1.5 倍。

2）圆形图，又称饼图。圆形图是以圆中的扇形面积来表示事物总体内部百分比构成的统计图，同样用于比较性质相似的间断性资料。

圆形图的绘制要领：以适当的半径作一圆，代表总体事物；分别以各统计项在总体中的比例乘以圆周角 360°，求出各相应扇形的圆周角；根据各计算结果，依次用量角器把整个圆分成若干个扇形部分，并在其中标上各自的百分比数值。

3）线形图。线形图是以起伏的折线来表示某种事物的发展变化及演变趋势的统计图。适用于描述某种事物在时间序列上的变化趋势，也适用于描述一种事物随另一种事物发展变化的趋势，还适用于描述不同的人物、团体在同一心理或教育现象上的变化特征及相互联系。

线形图的绘制要领：在平面直角坐标系中，横轴一般代表自变量，纵轴一般代表因变量。横轴既可作为连续变量的量尺，也可作为离散型变量的量尺，但纵轴一般均代表连续变量的量尺。根据有关具体数据，在由纵横两轴所决定的平面上画圆点，然后用稍粗一些的线段把相邻的点依次连接。在同一个图形中，允许画若干条（一般不超过 5 条）不同的线，以便比较分析，但是，要用不同形式的折线，如虚线、实线、点画线，或不同颜色的折线等加以区分，并在图中适当位置标明图例。

（四）编制次数分布表与次数分布图①

1. 次数分布表

次数分布是指把观测到的全部数据按大小顺序和一定的组距进行分组统计后，各组所含数据个数的分布。次数分布表是指次数分布的列表形式，是一种常用的统计表。

下面通过举例简单介绍编制次数分布表的步骤。

例如，50 名幼儿数数成绩分别为：44，45，46，47，40，40，42，43，36，

① 王彩凤，庄建东．学前教育研究方法［M］．北京：北京师范大学出版社，2011.

37，37，38，39，32，32，34，35，34，28，28，29，30，30，31，31，29，24，25，25，26，26，26，27，27，20，21，22，23，23，23，16，17，18，19，12，14，15，8，9，10。对这些杂乱无章的数字，进行分组并编成次数分布表的步骤如下：(1) 求全距；(2) 决定组数和组距；(3) 确定组限；(4) 求各组的组中值；(5) 统计次数；(6) 给出次数分布表。

2. 次数分布图

根据次数分布表绘制的统计图称为次数分布图，一般适用于表示连续性数据，如学前儿童身高、动作发展等。常见的次数分布图有直方图和多边图。

二、数据资料的分析

(一) 描述统计

通过数据整理，研究者对杂乱无章的零散数据进行了初步的分类和直观表达。但这只是对数据的初步描述，若要更加深入地研究了解数据的相关特征，还需要描述统计数据的特征量。常用的特征量有：集中量、差异量和相关量。

(二) 假设检验

假设检验就是根据一定的概率，通过建立假设，并根据已知条件验证假设的真假，从而由样本的差异推论总体差异的过程。

(三) 数据处理工具 (Excel 和 SPSS)

Excel 是一种计算机数据处理软件，是最常用的办公软件之一，主要用于处理数据、制表和制图等。Excel 可以处理复杂的公式和大量的数据，操作简单，故而广受学前教育专业师生们的青睐。

SPSS (Statistical Package for the Social Sciences，社会科学统计软件包) 是世界著名的统计分析软件，也是世界上应用最广泛的统计分析软件之一。在国际学术界有条不成文的规定，即在国际学术交流中，凡是用 SPSS 软件完成的计算和统计分析，可以不必说明算法，由此可见其影响之大和声誉之高。由于 SPSS 是为广大非专业人士设计的，它操作简便、好学易懂、简单实用，因而深受非专业人士的青睐。SPSS 使用 Windows 的窗口方式展示各种管理和分析数据的方法，使用对话框展示各种功能选择项，只要掌握一定的 Windows 操作技能并了解统计分析原理，就可以使用该软件为特定的科研工作服务。SPSS 的基本功能包括数据管理、统计分析、输出管理等。其统计分析过程包括描述性统计、均值比较、方差分析、相关分析、回归分析、对数线性模型、聚类分析、因子分析、生存分析等大类，每个大类中又包括几个小类。如回归分析又分线性回归分析、曲线估计等几个统计过程，并且每个过程中又允许用户选择不同的方法及参数。SPSS中还有专门的报表和绘图系统，可以根据数据生成各类统计表和绘制各种图形。

上述数据资料分析方法、统计软件等都涉及专业统计学知识和技能，而统计学是专门独立的一门学科。考虑到本教材学习者的实际学习需求、最近发展区和课时要求等诸多因素，关于第三节“数据资料的整理与分析”，我们在“拓展阅读”部分推荐了几本实用的参考书，同学们可以在老师的指导和网络课程的帮助下初步自学。

思考与实训

1. 请整理和分析之前的章节中研究过的质的研究的文字资料。

2. 选择一个你感兴趣的研究课题，收集数据资料，并尝试制作统计表和统计图。

3. 请尝试分别使用 Excel 和 SPSS 进行数据资料的量化分析。

拓展阅读

[1] 威廉·维尔斯马，等．教育研究方法导论［M］．9版．袁振国，等译．北京：教育科学出版社，2010.

[2] 蔡军．学前教育科研方法［M］．西安：陕西师范大学出版社，2013.

[3] 陈向明．教育研究方法［M］．北京：教育科学出版社，2013.

[4] 裴娣娜．教育研究方法导论［M］．合肥：安徽教育出版社，1995.

[5] 王彩凤，庄建东．学前教育研究方法［M］．北京：北京师范大学出版社，2011.

[6] 王孝玲．教育统计学［M］．5版．上海：华东师范大学出版社，2015.

[7] 袁振国．教育研究方法［M］．北京：高等教育出版社，2000.

[8] 张宝臣，李兰芳．学前教育科学研究方法［M］．2版．上海：复旦大学出版社，2012.

[9] 张厚粲，徐建平．现代心理与教育统计学［M］．4版．北京：北京师范大学出版社，2015.

第十四章　学前教育研究的成果表述与质量评价

【本章概要】

本章介绍了两部分内容：一是学前教育研究的成果表述，主要包括成果表述的意义、类型、要求、步骤、具体写作方法，这些与之前章节里介绍的各个具体研究方法的研究报告写作方法相互补充；二是学前教育研究的质量评价，主要包括质量评价的功能、内容与指标、方法，以及结题报告的撰写等。

第一节　学前教育研究的成果表述

一、学前教育研究成果表述的意义

研究成果的表述，是指对学前教育研究工作的目的、过程、方法、结果的概括和总结，是呈现研究成果的重要形式。一项高质量的教育科学研究，应该以被社会接受的方式准确地反映其研究成果。学前教育研究成果的表述有以下三个方面的意义。

（一）有利于研究成果的交流和推广

学前教育研究成果的表述，可以使研究成果成为全社会所知的精神财富，使研究成果在更广大的范围内得到相应的应用和推广，从而创造出更大的社会效益。

（二）有利于提高研究者的科研能力

学前教育研究成果的表述，反映出研究者的观点、立场和方法，也反映出研究者的专业水平、研究能力、写作能力和创造能力。可以说，学前教育研究成果的表述本身，也是研究工作的一部分，是科学研究的最后环节。通过学前教育研究成果的表述，研究者的科研水平可以得到提高，科研能力得到培养。

（三）有利于学前教育理论的发展

学前教育研究成果的表述，是对研究过程进行高度的概括和总结，它揭示了一定的教育规律，实现了理论的升华。同时，学前教育研究成果的表述，又是对学前教育实践活动的总结，也是新的研究工作的基础，它为某一教育问题的解决提供理论依据、建议和方案，从而推动学前教育改革的进程。

二、学前教育研究成果表述的类型

学前教育研究的成果表述，可以是针对某一项具体的调查或实验研究所作的终结性报告，也可以是针对某一理论或问题进行探讨和分析所作的学术文章。根据研究成果的性质和特点，可以将学前教育研究成果的表述形式分为学前教育研究报告（简称“研究报告”）和学前教育研究论文（简称“论文”）两种形式。

（一）学前教育研究报告

1. 学前教育研究报告的含义

学前教育研究报告是指用观察、实验和调查等实证性方法收集学前教育研究中的实际材料，以事实和数据来呈现研究的结果，并就研究结果进行科学理论上的讨论的成果表述形式。

2. 学前教育研究报告的类型

根据研究中所采用方法的不同，学前教育研究报告可分为以下几种类型：观察报告、调查报告、实验报告、经验总结报告。

（二）学前教育研究论文

1. 学前教育研究论文的含义

学前教育研究论文是指用概念、判断和推理等思辨的方法来证明和解释教育教学中的现象和问题，并从理论上对现象和问题加以分析和讨论的成果表述形式，即论文要向读者展示研究者的明确论点及其理论形成的思维过程。

2. 学前教育研究论文的类型

（1）根据目的与篇幅的不同，可将学前教育研究论文分为期刊论文和学位论文。

期刊论文属于学术论文，是用来在杂志或学术会议上表达学术观点的文章。学位论文是以申请学位为目的而公开发表的报告，如硕士论文、博士论文等。

（2）根据研究内容的不同，可将学前教育研究论文分为评论性论文和说明性论文。评论性论文是就学前教育领域中的一个问题或观点，对大量的文献资料或问题进行评价和讨论，从而得出有意义的结论的文章。说明性论文是就学前教育中某些具有典型性的现象进行理论分析，对复杂现象进行深入探讨，从而给予科学的解释和说明的文章。

三、学前教育研究成果表述的要求

（一）客观性

注重研究成果表述的客观性，就是要求研究者在进行研究成果的表述时，尊重客观事实，以事物的本来面目为依据，不主观臆测或随意歪曲事实结果，做到实事求是。“事”就是事实，“是”就是规律，实事求是就是根据事实得出规律。也就是说，研究者要严格地依据客观事实得出研究成果，不能闭门造车或夸大事实。

（二）科学性

科学研究的生命在于它的科学性，研究成果的表述也不例外。注重学前教育研究成果表述的科学性，就是要求研究者在进行研究成果的表述时，准确地使用学术概念，并对所使用的概念作科学的定义或界定；对重要论据的数据材料作正确无误的统计处理，并用规范的形式加以呈现；对研究结论的推断应有理有据。

（三）创造性

研究成果表述的创造性可以体现在研究的选题、意义、方法、内容、结论等多方面。进行别人从来没有进行过的研究而有所发现，是创造；在别人已有研究的基础上，进行进一步的验证、修改或补充，是创造；对别人的研究结论进行本土化研究，是创造；在表述上表现出研究者自己的风格，有自己研究的“味道”，也是创造。

（四）规范性

1. 内容规范

研究者在撰写学前教育研究报告或论文时，要采用严密的逻辑结构和正确的论证方法。论点要明确，论据要充分，论证方法要科学。要注意语言的简明准确，尽量做到浅显易懂，避免过长的句子或抽象晦涩的专业名词。研究者还可以利用形象直观且规范合理的图表形式来呈现数据分析结果，使读者更容易、更快地理解研究成果。

2. 行文规范

研究者在进行成果表述时，语言文字要准确、简明，尤其是定量、定性的词语必须确切，不能模棱两可。叙述要符合语法要求，注意逻辑性、层次性，格式和排版要规范。此外，教育科研成果不同于文艺作品，不宜使用华丽的辞藻，要保持朴实的文风。

四、学前教育研究成果表述的步骤

对于初学写作的研究者来说，在撰写科研成果的过程中，应当按照科研成果写作的基本步骤，分阶段有条不紊地完成写作。当然，如果研究者的写作已达到了一定的熟练程度，则可灵活机动地进行科研成果的写作，不必拘泥于固定流程。我们以论文为例来说明学前教育研究成果表述的步骤。

（一）确定选题

学前教育研究成果的表述就是将研究成果用文字形式加以呈现。因此，确定研究的选题是写作的第一步，有一个好的选题论文就成功了一半。

（二）写作准备

1. 草拟题目

草拟题目就是初步确定科研论文的写作主题。在正式写作之前，草拟题目可以帮助研究者在确定选题的基础上更精确地限定科研论文的内容范围，使研究者在进行写作时紧紧地围绕一个明确的主题，层次分明地表述自己的研究成果。

2. 制订计划

研究者在正式撰写科研论文之前，应当在确定写作主题的基础上对写作工作作出较为合理的计划和设计。例如，为了更好地完成写作任务，研究者应当合理计划和安排写作时间，以保证写作工作顺利、有序地进行。

3. 整理资料

对已经获得的研究资料和数据进行有序的整理和科学的处理，可以为研究者写作科研论文提供充足的素材。研究者可以用卡片摘录的方法对研究资料作分门别类的编排，用绘制图表的方法对数据结果作出记录，从而为写作提供便利。

（三）撰写初稿

1. 编写提纲

写作科研论文的最大障碍是条理不清。为了防止出现这种情况，在正式写作之前，应当列出科研论文的提纲，以便在正式写作中做到内容环环紧扣、逻辑严密。在正式写作科研论文之前先进行提纲的编写，至少有三大好处：第一，可以减少写作正文时的困难。第二，可以避免正文写作中的跑题现象。第三，可以使科研论文的层次分明，结构清晰，逻辑严密。

常用的科研论文提纲有两种：标题式提纲和简介式提纲。标题式提纲是指把收集起来的资料按一定的逻辑顺序，分层次排列，并分别用概括的文字作出说明。标题式提纲所示的是论文各级标题。小标题最好不要超过三级或四级。简介式提纲是指把每一个内容要点展开，写成句子，以便更清楚地标示出准备写的具体内容。简介式提纲里的每个句子都将是论文主要段落的基础。总之，编写科研论文提纲的过程，就是给科研论文搭骨架的过程。

2. 完成初稿

对写作提纲进行内容的充实，是撰写初稿的中心工作。在撰写初稿时，提倡采用“快写”方式。研究者可以选择适当的时间和地点，使自己不受干扰地一连工作若干小时，尽快地根据提纲完成初稿。如果科研论文不是很长，应当力求将初稿一次完成。快写初稿至少有两大优点：第一，可以使论文读起来有一气呵成之感，降低论文的拼凑感，思路浑然天成。第二，可以使研究者减少写作中的疏漏，使论文更加完整。

在撰写初稿时，应注意以下几个问题：第一，研究者可以不必在文字上过多地考虑，但要保证自己能够毫不费力地看懂。至于文字上存在的问题，可以在定稿前进行修改。第二，研究者一定要从一开始就在论文的内容上考虑读者的接受水平，要尽可能使用在学前教育领域中达成共识的、明确的概念；如果必须使用专业性很强的概念，则一定要有解释或定义。第三，不同研究者由于习惯差异，可能会使用同一个概念的不同术语，应注意论文中使用术语的一致性，以免使读者在阅读时产生混乱或误解。第四，应注意行文的严谨性和严肃性。科研论文不一定要有很好的文采，但是要注重文字的流畅通顺和内容的简洁明确。如果要引用别人的论述，应查对原文并进行注释，不可断章取义和窃取。同时应尽量少用“似乎”“也许”“感觉”等不确定的词和感性词汇，也不宜采用比喻、抒情等方式。

（四）修改定稿

一篇科研论文往往需要多次斟酌和修改才能定稿。初稿完成以后，研究者应当对初稿作进一步审视，并在此基础上对初稿的内容、结构和文字表述等方面进行必要的补充、删减、修改和润色。修改论文的方法主要如下。

1. 检查基本内容是否已在正文中包含无遗

第一，对快写初稿时离题太远的内容应及时删改。第二，对快写初稿时遗漏的内容应及时补充。第三，对快写初稿时位置安排不恰当的段落应及时调整。

2. 检查文字表述是否准确无误

第一，快写初稿时研究者可能一时找不到恰当的词句，此时则应仔细推敲，选用准确的词句，以替换初稿中不够理想的词句。第二，快写初稿时研究者可能会使用一些简略但不合语法规则的句子，此时则应当毫不犹豫地加以纠正。

3. 检查论文中术语及相关格式是否一致

研究者要仔细检查文中术语是否正确、一致，图表的编号和说明是否正确无误，英文字母的大小写是否清楚。

这里有三点小建议：一是研究者可以将初稿送呈有关专家或同行进行阅览，充分借鉴他们的建议，这不失为一种明智而有效的修改科研论文的途径；二是写完后放一段时间再拿出来看更容易发现问题；三是尽可能打印出来看纸质版。

五、学前教育研究报告的撰写

由于研究报告有多种表现形式，如观察报告、调查报告、实验报告、经验总结报告等，而每一类研究报告的具体写作方式已经在相应的章节细述，这里只简单介绍其共性。学前教育研究报告的内容和基本框架及各部分的写法如下。

（一）题目的表述

1. 题目的内容

题目又叫标题，它是科研论文的眼睛，起点明题意的作用。一般情况下，研究者是在研究工作基本完成之后再开始报告的写作，这时，研究者已经了解了自己的研究工作与其他研究工作的关系，所以拟定相应的题目并不十分困难。一般来说，题目在表述上主要涉及两个变量之间的关系，包括三个中心词，即研究的对象、内容和方法。例如，2015 年内蒙古高校科研项目“内蒙古民族院校蒙古族幼师双语教育个案研究”中，研究对象是“内蒙古民族院校”，研究内容是“蒙古族幼师双语教育”，研究方法是“个案研究”。

2. 题目的编写要求

（1）题目应用词简洁。所谓简洁，是指要尽量避免字数较多的长题目，否则会使读者因题目的冗长无趣而放弃阅读。

（2）题目应意义明确。所谓明确，是指题目的关键词应能反映研究的中心内容，使人一看就能了解该研究的主题和价值。

（3）应对过大的题目加以限制。对于初学者来说，在题目的表述上最容易出现的问题就是题目过大。题目过大往往会由于时间、空间和资料等条件的限制而使撰写工作陷入难以克服的困难，使研究者不能全面地阐述问题。所以应当确定一个较小的题目，从一个较小的问题切入，这样就能全面、深入地表述自己的研究成果。

（二）作者署名的表述

作者署名一般采用真实姓名，包括作者工作单位和作者姓名。

（三）摘要的表述

摘要是指用高度概括的文字介绍教育研究报告的主要内容，是对研究报告的高度浓缩和简要概括。摘要的表述要求研究者仔细地推敲，从而使内容简短而准确。摘要的内容包括研究的问题、研究的方法、研究的结果以及研究的结论等；字数则视研究报告的篇幅而定，一般控制在全文的 2%以内。

（四）关键词的提取

关键词是指在研究报告中起支柱作用的词汇。它的目的是将研究报告中最为重要的词或词组提取出来，以便让读者迅速了解研究报告的主要内容。关键词的数量一般控制在 3～8 个。

（五）导言的撰写

1. 导言的内容

研究报告中正文的开始部分就是导言，或者叫前言、引言、问题的提出等。导言的主要内容是说明研究者所作的研究是怎样从已有的研究中发展而来的，指出研究的目的和价值。具体来说，就是要回答如下问题：研究要解决什么问题？为什么要研究这个问题？研究的背景如何？研究现状怎样？将用怎样的方法解决问题？

2. 导言的撰写要求

（1）问题陈述应直截了当。研究者可以用一两句概括性的语句交代研究的中心问题、研究方法和研究目的，不必作详细的文字描述。

（2）文献综述应简练概括。研究者应概括地介绍与本研究有关的文献资料，使读者可以很容易地了解该研究的背景和现状。一般导言篇幅应控制在全文的五分之一以内。例如，“通过分析发现，从蒙古族学前双语教育的相关研究成果中可得知以下五个方面：第一，从研究对象上来看，……；第二，从研究区域来看，……；第三，从研究内容来看，……；第四，从研究方法来看，……；第五，从研究者构成来看，……”。

（3）研究意义的阐述应中肯恰当。研究者应当用明确清晰的文字，恰当地阐述本研究的理论价值和实践价值，不能用夸大、空泛、歪曲事实的方式来突出研究价值。

（六）研究方法和过程的撰写

1. 研究方法和过程的内容

研究方法和过程的主要内容包括四个方面：关于研究对象与范围的说明，关于研究工具的说明，关于研究方法的说明，关于研究资料的收集与整理的说明等。

2. 研究方法和过程的撰写要求

（1）详细说明研究的对象与范围。研究者应准确地描述研究对象，如性别、年龄、职业以及受教育程度等人口学特征；详细地介绍抽样的具体方法与过程。

（2）详细解释研究的工具及其使用过程。研究者应详细地解释诸如调查表的设计与使用、测验量表的标准化问题、测验量表的使用、观察表格的设计与使用等情况。

（3）详细介绍研究的方法及其操作程序。如果是实验研究，研究者应充分说明实验条件、实验材料和实验步骤；如果是调查研究，则应说明调查的过程与步骤。

（4）简要说明研究资料的收集与整理过程。研究者可以用较为简洁的文字说明研究资料的收集方法、统计方法等。

（七）研究结果的撰写

1. 研究结果的内容

研究结果表述是指用客观的数据和事实材料呈现研究成果，它是研究报告的核心。这部分内容是向读者展示所获得的资料与研究假设之间的关系。

2. 研究结果的撰写要求

（1）研究结果的叙述应简明扼要。研究结果叙述的目的之一是为下一步讨论作准备，所以不必把原始数据一一罗列出来，只展示数据处理后的统计分析结果即可。

（2）研究结果的叙述应全面。无论是描述统计结果的表述，还是推论统计结果的表述，都应为读者提供全面的信息，使读者能够估计研究结果的可靠程度。

（3）应恰当使用不同的叙述形式。研究结果的叙述形式常有两种，即语言描述和图表描述。一般以语言描述为主，以图表描述为辅。

（4）应注重图表描述的规范性。研究者应遵守图表设计和制作的一般规则，不能对其随意处置。第一，每一个图表都必须有相应的图表名。第二，应当按照报告中出现的顺序用阿拉伯数字为图表编排相应的序号，而且图与表的序号应分别编排，不能混淆。第三，统计表的设计应使用学术界通用的三线表格式。

（八）分析与讨论的撰写

1. 分析与讨论的主要内容

这是研究报告中最为难写的部分，是对研究结果的理论分析和科学推断，用获得的研究结果回答导言中提出的问题，同时也是对研究者专业水平、学术洞察力和创造性的考验。在导言中，研究者根据研究目的提出了研究工作所要解决的问题，通过一系列的研究过程获得了相应的研究结果。然后要对获得的研究结果进行理论层面的探讨，即研究者要从教育理论的高度，分析研究结果产生的原因，揭示问题存在的根源。

2. 分析与讨论的撰写要求

（1）应对研究结果作深入的分析和探讨。研究者不能简单地重复研究结果中已经说明过的内容，而应当对研究结果的意义进行深入的阐述和评价，尤其是当研究结果与假设不相符合时，更要作深入、客观的分析。

（2）应对研究结果进行客观、严谨的分析论证。研究者不能根据自己的主观判断解释研究结果，而是要从理论的高度、用科学的概念、逻辑严密地进行问题的论证。如果出现在自己能力范围内确实无法解释的问题时，更应当坦率地予以承认。

（3）应始终遵循教育研究中的系统性原则。在进行分析讨论时，研究者应当开阔思路，从多角度、不同方面对研究结果作深入的分析，防止问题分析的片面性。

（九）结论的撰写

1. 结论的主要内容

结论是指用最简洁明确的文字概括和说明研究的主要成果，它是研究者对研究成果作出的最终推论，在教育研究报告中起画龙点睛的作用。研究结论与研究结果在内容上有明显的区别。研究结果表述的只是通过研究最终获得了什么样的信息，这些信息是具体的事实。而研究结论则不同，它是对所获得研究结果的推断和解释，它表述的是研究结果说明了什么、提示了什么，应该怎么办，还需做什么等。

所以，研究结论并不是研究结果，也不只是把研究者自己的观点再一次简要地陈述出来。结论应当是一个更高层次的概括，是研究者基于一定的学前教育理论，对事实材料所进行的深入分析，是透过事实材料的表面现象揭示其内在本质规律的思考。另外，有的研究者常常把自己对问题解决的策略和建议放在结论部分加以阐述，这也是一种较为可行的表述方式。

2. 结论的撰写要求

（1）在依据客观事实的基础上得出结论。也就是说，研究结论应当以研究的结果和事实材料为证据，并对此作出客观真实的反映。

（2）明确结论的适用范围。也就是说，研究结论的适用范围应当与研究的抽样范围相一致，不能任意扩大结论的适用范围。

（3）阐述应简洁明了，富有逻辑性。可以用条项序号的方式对结论加以表述。

（十）注释与参考文献的编排

在撰写研究报告时，研究者常常需要引用其他研究资料的原文、基本观点。用注释或列出参考文献的方式对此加以说明，既是对前人劳动成果的尊重，又能使读者便于查阅相关资料。

1. 注释的编排

（1）题注。通常是在题目的右上角用圈码（如①）标示，并以脚注或尾注的形式注释。

（2）脚注。通常是在需注释内容的右上角用数字标示，并在该页最下方详细注释内容。

（3）尾注。通常是将整篇研究报告的注释按出现的先后顺序排序，放在正横线下加以说明。研究者要用前后一致的加注方式，具体内容除参考文献包含的各项之外，还应注明引文所在的页码。

2. 参考文献的编排

参考文献包括作者姓名（三位以上只在第一作者后用“等”表示）、书名或论文题目、出版社名称或期刊名称、出版时间或期号等信息。注释的主要形式有题注、脚注和尾注等，具体选用哪种形式的注释，可以由研究者根据情况自行决定。

（十一）附录的编排

附录的作用一是使正文的内容整洁集中，二是为读者提供查证的原始文献。其内容主要包括以下三大类：

（1）教育研究工具类。包括研究中使用的调查表、访谈提纲、观察评定表格、测量工具等。

（2）教育研究数据类。包括研究过程中收集到的重要原始数据表、访谈记录等。

（3）教育研究方案类。包括教育干预方案、活动计划、教材与教案等。

六、学前教育研究论文的撰写

一篇完整的论文主要包括以下三个方面的内容：第一，论题，即对学前教育研究工作中所要明确或解决的中心问题的表述。第二，理论分析，即对所提出问题的理论性论证。第三，结论，即对研究内容的概括性总结。

学前教育研究论文的撰写方式多种多样，没有严格的规定。但是，由于内容和结构的影响，它的撰写过程呈现出由绪论引出本论，再由本论推出结论的三段式论证的特征。所以，学前教育研究论文的文体为议论文的形式。学前教育研究论文虽然在主要内容和基本结构上与学前教育研究报告有所不同，但就表述方式而言，二者却有着相对一致的顺序和规律，都是依据撰写过程本身的逻辑思路进行的。

论文题目部分的表述、作者署名及单位部分的表述以及摘要与关键词部分的撰写、注释与参考文献部分的编排、附录部分的编排等，均与学前教育研究报告基本一致，此处不作赘述。以下仅介绍论文正文部分的结构并按照顺序介绍写作方法。

（一）绪论的撰写

绪论是学术论文的开始部分，相当于学前教育研究报告中的导言，是整篇文章的引子。有的研究者又把它称为“问题的提出”“前言”“导语”等。

1. 绪论的主要内容

（1）提出研究的问题。绪论要明确提出所要讨论的中心问题，介绍问题存在的背景，并对讨论中将要涉及的主要概念和术语进行科学的界定。

（2）指出研究的价值。绪论要用文献综述的方式对前人已有的研究成果作出概括的介绍，并进一步提出尚未解决的问题，由此派生出本研究的理论意义和实践意义。

（3）介绍研究的方法。绪论要对本研究所采用的方法和手段作出简要的介绍。

2. 绪论的撰写要求

研究者在进行绪论部分的撰写时，应当做到文字精练、条理清楚、说明准确，以顺利引出本论部分的讨论，并激起读者的阅读兴趣。

（二）本论的撰写

1. 本论的主要内容

本论是学术论文的正文部分，是主体，也是点明中心论点、提出充分论据和进行逻辑论证的思维过程。它是评价论文质量的最主要的指标，也最能反映研究者的专业水平、科研能力和论文写作水平。本论相当于研究报告中的“分析与讨论”，其篇幅占到全文的三分之二以上。

2. 本论的撰写要求

（1）突出主题，防止概念模糊。主题是学前教育研究论文的灵魂，在本论的撰写中，研究者应当用准确的文字揭示研究主题，用科学的概念阐释研究主题，从而点明中心论点，为接下来的讨论奠定基础。

（2）表述恰当，防止逻辑混乱。学术论文不同于文学艺术作品，不需要使用华丽生动的语句，但是一定要注重文字的准确性和语句的逻辑性，这样才能对论点和论据进行合乎逻辑规律的论证。

（3）材料充分，防止论据不足。研究材料是论述问题的关键，材料不足，就会缺乏论据，从而影响论证的质量。研究者应当尽量占有足够的实际材料和文献，并以此来说明自己的观点，使讨论有根有据，有条有理。

（4）引用得当，防止断章取义。如果需要引用他人的研究成果或思想观点，研究者应当对此有全面、准确的理解、领会和把握，不能为了印证自己的观点而牵强附会地引用他人的观点，更不能曲解他人的观点。

（三）结论的撰写

结论是学术论文的结束部分，是在对所提出的中心问题有理有据的论证之后得出的，是对问题分析、综合、抽象、概括后的提炼和总结。

1. 结论的撰写方法

（1）概要提炼法。研究者可以概括地总结本研究所获得的成果，包括本研究讨论和说明了哪些问题，验证了哪些假设，解决了哪些问题，还需进行哪些后续研究等，以此作为论文的结论。

（2）评价展望法。结论部分往往包含对研究的评价。研究者可以明确地指出研究中遇到的困难与不足，提出在现有研究基础上可以继续开展研究的问题和方向。研究者甚至可以将自己对问题答案的猜测作出可能性分析，以此作为论文的结论。

（3）自然收尾法。结论部分最为普通的撰写方式是沿着议论文“提出论点—摆明论据—合理论证”的一般逻辑思维顺序自然导出结论。

2. 结论的撰写要求

研究者在进行结论部分的撰写时，要做到不任意拔高或贬低结论，不用华丽的辞藻描述结论。结论的内容要简洁明确，表达准确无误，文字朴实无华。

第二节　学前教育研究的质量评价

一、学前教育研究质量评价的功能

学前教育研究质量是指所研究的问题和研究目标的契合程度以及研究的信度和效度的高低。研究质量的高低直接关系到研究目标的实现程度和教育问题的解决程度。学前教育研究质量评价具有以下功能：评价课题选择，监控课题研究的方向；评价文献质量，把握有效的研究资料；评价研究方案，确保研究的实施；评价研究成果，保证成果的推广。

二、学前教育研究质量评价的内容与指标

（一）学前教育研究质量评价的内容

可以通过分解学前教育研究过程的各个环节确定质量评价的具体内容。与学前

教育研究一般步骤相对应，质量评价的内容包括课题选择评价、文献质量评价、方案设计与实施评价、成果表述评价四项主要内容。

（二）学前教育研究质量评价的指标

学前教育研究质量评价的指标是指对学前教育研究过程的各个环节的质量优劣的评判标准。可以对各个环节提出相应的问题，并对这些问题作出回答，从而确定研究质量的评价指标。

1. 课题选择的评价指标

第一，理论性和实用性。研究课题是否具有理论上的合理性和现实中的实践价值。

第二，创新性。研究课题是否着眼于前人未解决或未完全解决的问题，具有内容和思路上的新颖性、独特性。

第三，先进性。研究课题是否反映当下某领域的最新动态和趋势。

第四，可行性。研究课题是否具有主观和客观条件，是否切实可行。

第五，准确性。研究课题的表述是否准确、合理，研究范围的限定是否适当。

2. 文献质量的评价指标

第一，关联性。文献是否与研究课题密切相关，并能在分析研究的基础上统领、评价文献，凸显研究的切入点。

第二，全面性。文献是否全面系统地反映国内外某领域在某阶段的发展历史、现状和趋势，数据资料是否真实可靠。

第三，针对性。文献是否能为研究的进行提供有力的服务，对重要名词术语是否有必要的解释。

3. 方案设计与实施的评价指标

第一，匹配性。研究假设与研究课题是否匹配。

第二，适当性。研究方法的选用是否恰当，取样是否合理，实验设计是否科学。

第三，严谨性。自变量的操纵是否严格，无关变量的控制是否到位，因变量的观测是否与所选方法匹配。

第四，标准化。研究中使用的测量工具是否标准化，信度与效度是否符合要求。

第五，科学性。研究资料的定量分析是否揭示出研究事物数量差异的本质，定性分析方法是否逻辑严密。

4. 成果表述的评价指标

第一，正确性。成果表述中使用的概念是否符合科学理论的阐释，运用的理论原理是否恰当充分。

第二，客观性。成果表述中的观点和材料是否相结合，方法部分的交代是否清晰具体，分析讨论是否证据充分客观，结论的阐述是否实事求是。

第三，公正性。是否充分尊重和公正地对待他人的研究成果，引用他人的成果是否标明出处，对研究的局限是否作了公正充分的分析说明。

第四，可读性。成果形式的选择是否恰当，行文是否规范，文字是否简洁准确。

三、学前教育研究质量评价的方法

学前教育质量评价的方法可以有多种。例如，定量评价法，参加评价的每位专家依据一定的评价指标对研究成果的质量进行独立的、逐项的打分，从而确定质量等级。再如，定性评价法，为评价体系中的各项指标赋予权重，对某项研究的质量确定“优、良、中、差、不合格”五个等级。

四、结题报告的撰写

（一）标题的撰写

结题报告的标题为课题名称加“结题报告”字样。

（二）前言的撰写

前言是对课题整体情况的简述，包括课题来源及级别、历时，对课题成果及作用、意义的总体评价。

（三）正文的撰写

正文主要包括三个部分：第一部分为课题的一般情况，主要是阐明课题研究背景、研究目标、思路、研究周期及阶段，并分析各阶段的主要工作和特点。第二部分为课题的研究成果，主要是简要阐明课题研究的基本观点及逻辑联系，着重揭示课题研究的特色与创新之处，以及课题研究在实践工作中的阶段性成果。第三部分为课题的评价，主要包括自我评价、专家评价和应用者评价。

（四）结尾的撰写

结题报告的结尾应提出后续研究的方向以及对本课题的应用推广等问题。

（五）附件的撰写

在结题报告中，课题组成员名单、观察提纲、问卷、访谈提纲、课题研究过程中已发表的论文、研究成果已被采纳或开始应用的佐证材料以及致谢等不便在正文中出现的材料，可以用附件的形式附在结题报告的后面。

思考与实训

1. 按照本章要求修改之前章节中写过的学前教育研究报告。

2. 从学前教育现象中选择一个你感兴趣的题目着手撰写毕业论文。

3. 对自己撰写的学前教育研究论文进行质量评价。

拓展阅读

[1] 蔡军．学前教育科研方法 [M]. 西安：陕西师范大学出版社，2013.

[2] 陈向明．教育研究方法 [M]. 北京：教育科学出版社，2013.

[3] 裴娣娜．教育研究方法导论 [M]. 合肥：安徽教育出版社，1995.

[4] 王彩凤，庄建东．学前教育研究方法 [M]. 北京：北京师范大学出版社，2011.

[5] 张宝臣，李兰芳．学前教育科学研究方法 [M]. 2 版．上海：复旦大学出版社，2012.

[6] 中国学术期刊（光盘版）编辑委员会．中国学术期刊（光盘版）检索与评价数据规范：CAJ—CD B/T 1—2006 [S]. 北京：中国学术期刊（光盘版）编辑委员会，1999.

[7] 国家质量监督检验检疫总局，国家标准化管理委员会．信息与文献　参考文献著录规则：GB/T 7714—2015 [S]. 北京：中国标准出版社，2015.

[8] 国家质量监督检验检疫总局，国家标准化管理委员会．科技报告编写规则：GB/T 7713.3—2014 [S]. 北京：中国标准出版社，2014.

[9] 国家质量监督检验检疫总局，国家标准化管理委员会．信息与文献　参考文献著录规则：GB/T 7714—2015 [S]. 北京：中国标准出版社，2015.

参考文献

一、著作、教材类

1. 劳伦斯·马奇，等．怎样做文献综述：六步走向成功［M］. 陈静，等译. 上海：上海教育出版社，2011.

2. 劳伦斯·纽曼．社会研究方法：定性和定量的取向［M］. 郝大海，译. 北京：中国人民大学出版社，2007.

3. 梅雷迪斯·M. 高尔，等．教育研究方法导论［M］. 6 版．许庆豫，等译．南京：江苏教育出版社，2012.

4. 莎兰·B. 麦瑞尔姆．质化方法在教育研究中的应用：个案研究的扩展［M］. 于泽元，译．重庆：重庆大学出版社，2008.

5. 威廉·维尔斯马，等．教育研究方法导论［M］. 9 版．袁振国，等译．北京：教育科学出版社，2010.

6. 沃伦·R. 本特森．观察儿童：儿童行为观察记录指南［M］. 2 版．于开莲，等译．北京：人民教育出版社，2016.

7. 蒙台梭利．蒙台梭利科学幼教法［M］. 廖启端，译．北京：科学普及出版社，1990.

8. 大卫·希尔弗曼．如何做质性研究［M］. 李雪，等译．重庆：重庆大学出版社，2009.

9. 蔡军．学前教育科研方法［M］. 西安：陕西师范大学出版社，2013.

10. 曾天山．教育科研的视野与方向［M］．北京：教育科学出版社，2009.

11. 陈琦，刘儒德．当代教育心理学［M］．3版．北京：北京师范大学出版社，2019.

12. 陈向明．教师如何作质的研究［M］．北京：教育科学出版社，2001.

13. 陈向明．教育研究方法［M］．北京：教育科学出版社，2013.

14. 陈向明．质的研究方法与社会科学研究［M］．北京：教育科学出版社，2000.

15. 董奇，申继亮．心理与教育研究方法［M］．杭州：浙江教育出版社，2005.

16. 胡育．学前教育科研方法指导［M］．上海：上海教育出版社，2005.

17. 胡中锋．教育科学研究方法［M］．北京：清华大学出版社，2011.

18. 黄希庭，张志杰．心理学研究方法［M］．2版．北京：高等教育出版社，2010.

19. 霍力岩，等．学前比较教育学［M］．3版．北京：北京师范大学出版社，2018.

20. 霍力岩，等．学前教育研究方法［M］．2版．北京：高等教育出版社，2018.

21. 李秉德．教育科学研究方法［M］．2版．北京：人民教育出版社，2001.

22. 刘电芝，杨晓萍．现代学前教育研究方法［M］．2版．重庆：西南师范大学出版社，2012.

23. 刘晶波．学前教育研究方法［M］．北京：人民教育出版社，2016.

24. 刘良华．教育研究方法：专题与案例［M］．上海：华东师范大学出版社，2007.

25. 裴娣娜．教育研究方法导论［M］．合肥：安徽教育出版社，1995.

26. 秦金亮，等．幼儿教师学做研究：学前教育研究方法新视野［M］．北京：新时代出版社，2008.

27. 瞿葆奎．教育研究方法［M］．北京：人民教育出版社，1988.

28. 陶保平，钱琴珍．学前教育科研方法［M］．3版．上海：华东师范大学出版社，2014.

29. 王彩凤，庄建东．学前教育研究方法［M］．北京：北京师范大学出版社，2011.

30. 王承绪．比较教育学史［M］．北京：人民教育出版社，1999.

31. 王承绪，顾明远．比较教育［M］．5版．北京：人民教育出版社，2015.

32. 王坚红．学前儿童发展与教育科学研究方法［M］．北京：人民教育出版社，

1991.

33. 王庭照．教育科研方法［M］．西安：陕西师范大学出版社，2016.

34. 王孝玲．教育统计学［M］．5 版．上海：华东师范大学出版社，2015.

35. 杨世诚．学前教育科研方法［M］．3 版．北京：科学出版社，2016.

36. 杨晓萍．教育科学研究方法［M］．2 版．重庆：西南师范大学出版社，2012.

37. 叶澜．教育研究方法论初探［M］．上海：上海教育出版社，2014.

38. 由显斌，左彩云．学前教育研究方法［M］．3 版．北京：高等教育出版社，2018.

39. 袁振国．教育研究方法［M］．北京：高等教育出版社，2000.

40. 张宝臣，李兰芳．学前教育科学研究方法［M］．2 版．上海：复旦大学出版社，2012.

41. 张厚粲，徐建平．现代心理与教育统计学［M］．4 版．北京：北京师范大学出版社，2015.

42. 张燕，邢利娅．学前教育科学研究方法［M］．2 版．北京：北京师范大学出版社，2014.

43. 赵新云．教育科学研究方法［M］．北京：中国人民大学出版社，2009.

44. 郑健成．学前教育研究基础［M］．北京：北京师范大学出版社，2014.

45. 郑金洲，陶保平，孔企平．学校教育研究方法［M］．北京：教育科学出版社，2003.

46. 周兢．国际学前教育政策比较研究［M］．上海：华东师范大学出版社，2012.

47. 周希冰．学前教育科学研究［M］．北京：高等教育出版社，2014.

48. 朱德全，李姗泽．教育研究方法［M］．重庆：西南师范大学出版社，2011.

49. 左瑞勇．学前教育科学研究方法［M］．重庆：重庆出版社，2008.

二、论文及其他类

1. 白晓娣，陈竞蓉．改革开放 40 年中国农村学前教育研究的知识图谱分析［J］．内蒙古师范大学学报（教育科学版），2019（10）.

2. 卜湘玲．教育行动研究中的幼儿教师专业发展［D］．重庆：西南大学，2006.

3. 陈桂生．略论“教育研究方法”［J］．当代教育论坛，2006（07）.

4. 陈琴．4～6 岁儿童合作行为认知发展特点的研究［J］．心理发展与教育，2004（4）.

5. 程丽．学前教育研究发展热点与前沿的可视化分析——基于 1998—2015 年中国社会科学引文索引来源数据的分析 [J]. 湖北第二师范学院学报，2016 (6).

6. 郭文斌，周念丽，方俊明．我国学前教育研究热点知识图谱 [J]. 学前教育研究，2014 (1).

7. 兰国帅，程晋宽，虞永平．21 世纪以来国际学前教育研究：发展与趋势——学前教育领域四种 SCI 和 SSCI 期刊的知识图谱分析 [J]. 教育研究，2017 (4).

8. 刘晶波，李娟．中国学前教育研究会立项课题的研究状况与分析 [J]. 学前教育研究，2008 (12).

9. 刘晶波．我国学前教育研究 20 年发展状况分析 [J]. 教育研究，2011 (8).

10. 刘良华．重申“行动研究”[J]. 比较教育研究，2005 (5).

11. 邱淞，潘黎，侯剑华．21 世纪国际学前教育研究的热点领域和前沿演进——基于 SSCI 中最有影响力的 5 种学前教育期刊文献的计量和可视化分析 [J]. 学前教育研究，2014 (6).

12. 孙刚成，左晶晶．我国近二十五年来的学前教育研究进展——以《学前教育研究》杂志发文的可视化分析为依据 [J]. 陕西学前师范学院学报，2019 (2).

13. 徐国根，等．学龄前儿童全脑型体育教育的实验研究 [J]. 北京：体育大学学报，2006 (2).

14. 杨宏伟．幼儿教师怎样进行行动研究 [J]. 学前教育研究，2004 (6).

15. 张新立．教育人类学视野下的彝族儿童民间游戏研究 [D]. 重庆：西南大学，2006.

16. 郑玉莲，徐莎．近十年中国学前教育研究：数量和研究主题的变化分析 [J]. 贵州师范学院学报，2015 (7).

图书在版编目（CIP）数据

学前教育研究方法/敖敦格日乐主编．-- 北京：中国人民大学出版社，2021.2
实践应用型学前教育专业规划教材
ISBN 978-7-300-29017-1

Ⅰ．①学…　Ⅱ．①敖…　Ⅲ．①学前教育－研究方法－幼儿师范学校－教材　Ⅳ．①G612

中国版本图书馆 CIP 数据核字（2021）第 023355 号

实践应用型学前教育专业规划教材
学前教育研究方法
主编　敖敦格日乐
Xueqian Jiaoyu Yanjiu Fangfa

出版发行	中国人民大学出版社		
社　　址	北京中关村大街 31 号	**邮政编码**	100080
电　　话	010－62511242（总编室）		010－62511770（质管部）
	010－82501766（邮购部）		010－62514148（门市部）
	010－62515195（发行公司）		010－62515275（盗版举报）
网　　址	http://www.crup.com.cn		
经　　销	新华书店		
印　　刷	天津中印联印务有限公司		
规　　格	185 mm×260 mm　16 开本	**版　　次**	2021 年 2 月第 1 版
印　　张	11.75	**印　　次**	2021 年 2 月第 1 次印刷
字　　数	216 000	**定　　价**	29.00 元